「英語の読み書き」を見直す

Reading Recovery Program 研究から
日本の早期英語教育への提言

小野尚美　高梨庸雄　著

金星堂

謝　辞

　本書執筆にあたり，オーストラリア，ニュージーランド，カナダの Reading Recovery Center（以下 Reading Recovery は RR と略記）並びにご協力くださった各小学校の RR 教員，RR 教員リーダー，RR トレーナーの皆様，都内区立小学校英語講師の土屋佳雅里先生には，私どもの研究の趣旨をご理解いただきご協力いただきましたこと，厚く御礼申し上げます。

　平成 23 年 8 月，私たちは，RR プログラムについて学ぶためにオーストラリア，ニュージーランドへ研修に行きました。その際，シドニーの Turramurra Reading Recovery Centre の Dr. Janice Farmer-Hailey, Dr. Marian Power, Ms. Louise Green, Ms. Lydia Berger には，ご多忙の中 RR 教員研修の参観をお許しくださり，RR プログラムについてご説明いただきました。その後ニュージーランド，ダニーデンを訪問し，RR トレーナーである Ms. Amy Fraser のご紹介により，North East Valley Normal School, George Street Normal School, Tainui School の校長先生を始め，RR 教員の先生方には，RR 訓練の解説をしていただき，実際の訓練も見せていただきました。オークランドでは，New Windsor School, Freemans Bay Primary School, Oranga Primary School を訪ね，そこで行われている RR 訓練を参観し，RR 教員研修に参加することができました。さらにニュージーランドの RR Center のある The University of Auckland の教授であり RR トレーナーでもある Dr. Christine Boocock, Dr. Blair Koefoed のご指導を受けることもできました。

　平成 24 年 10 月，私たちはさらに RR および RR 教員養成について研鑽を積むために，カナダの Canadian Institute of Reading Recovery® (CIRR®) Central Division Office のコーディネーターであり RR® トレーナーでもある Ms. Janice Van Dyke と CIRR® の会長の Ms. Hazel Dick のご指導を受けることができました。このカナダ研修では，RR® 教員養成だけでなく，RR® 教員の研修と RR® 教員リーダー候補生のための研修を参観することができました。この 2 回にわたる海外研修によって，日本でほとんど知られていない RR® プログラム，RR®

教員養成および RR® 教員研修についての私たちの理解を深めることができました。上記の諸先生方におかれましてはご多忙の中，貴重なお時間を頂戴いたしましたこと，心から感謝いたしております。

　さらに，都内区立小学校で外国語活動（英語）の授業をご担当していらっしゃる土屋佳雅里先生にご協力いただき，平成24年9月からRRの指導理念と指導方法に基づいた教え方で，日本で英語を学ぶ小学生に文字教育を取り入れた授業を行うことができました。第13章の「Reading Recovery の外国語活動への応用」の中で日本の小学校での英語の指導案を提示していますが，この指導案は，土屋佳雅里先生にご助言をいただきながら，氏の英語教室でのRRに基づく英語授業の経験から作成されたものです。心より感謝申し上げます。

　平成26年3月15日

著者　小野尚美　高梨庸雄

目　次

はじめに ……… 1

Part I　Reading Recovery の視点から見た日本の早期英語教育

第 1 章　Reading Recovery Program と日本の小学校英語 ……… 6
1. 日本の小学校英語指導法の改善の必要性　6
2. 母語習得における就学前の「リテラシー発現」　7
3. Roaming around the known の重要性　9
4. Reading Recovery Program と日本の小学校英語教育　11

第 2 章　Literacy 教育の視点から──ニュージーランド事情 ……… 13
1. 読み書き教育──児童の成長と個性を重視する教育──　13
2. Reading Recovery Program の誕生　18
3. 基本的な考え方　18
4. 児童の躓きの観察から始まる指導　20
5. 優れた指導者の育成　20

第 3 章　Reading Recovery Program の実施体制 ……… 22
1. アルファベットとローマ字：日本の児童はどうとらえるか　22
2. Marie Clay のリテラシー教育　23
3. 観察記録　24
4. 典型的な指導手順　24
5. 教員になるための要件　28

第 4 章　読み書きできる市民を育てる Reading Recovery: 米国，英国，豪州，カナダ，アイルランドの現状 ……… 30
1. 米国事情：No Child Left Behind　30
2. 英国事情：Every Child a Reader (ECaR)　35
3. オーストラリア事情：Teaching Reading　40
4. カナダ事情：Reading the Future　45
5. アイルランド事情　50

Part II　Reading Recovery Program: その考え方と指導方法

第 5 章　Observation から始まる Marie Clay の読む教育 ……… 56
1. 訓練の開始　56
2. 教材選択基準　58
3. Observation による児童の読解レベルの判定　60

第 6 章　Observation から始まる Marie Clay の書く教育 ……… 62
1. Reading と Writing の相補性　62
2. Writing 指導の視点　63
3. 言語習得としての Writing　65
4. 日本の Writing 指導への示唆　67

第 7 章　音声と文字の関係重視 ……… 69
1. 学習指導要領での扱い方：曖昧と矛盾　69
2. Reading Recovery における文字と語彙の指導　71
3. Writing Vocabulary Test　75
4. 日本の英語入門期指導に欠けているもの　78

第 8 章　Reading Recovery Program の担当教員養成 ……… 84
1. 担当教員の種類と役割　85
2. 担当教員になるための研修　87
3.「教員リーダー」になるための研修（トロント研修からの報告）　90

Part III　Literacy の視点から見た日本の早期英語教育

第 9 章　日本の読み書き教育と欧米の Literacy 教育 ……… 98
1. 表音文字と難読症 (dyslexia)　99
2. 日本のリテラシー　101
3. 日本の英語教育で忘れられてきたもの　102
4. 成人へのリテラシー教育　103

第 10 章　Literacy に関する対立概念 ……… 104
1. リテラシーの概念と研究のアプローチ　104
2. Phonics 対 Whole Language　106

3. Phonics 対 Whole Language の検証　108
　　4. 二つのアプローチの学習への影響　109
　　5. Phonemic Awareness　110
　　6. Phonemic Awareness の検証　111
　　7. National Reading Panel　112

第 11 章　Reading Recovery から得られる示唆 ……… 115
　　1. 文脈 (Context) と社会的交流 (Social Interaction) の重要性　115
　　2. 既知から未知への橋渡し　117
　　3. 社会・心理的過程としての言語学習　118
　　4. Top-Down 的指導と Bottom-Up 的指導の必要性　118
　　5. 音声言語と読み書き能力をつなぐ音素教育　120
　　6. 異文化理解としての外国語学習　122

第 12 章　学習指導要領から見た校種連携 ……… 124
　　1. 小学校の場合　124
　　2. 中学校の場合　127
　　3. 指導法とその効果　129
　　4. 高等学校の場合　131
　　5. Reading Recovery の連携への可能性　132

第 13 章　Reading Recovery の外国語活動への応用 ……… 134
　　1. 小学生の語彙知識と語彙理解の方略についての調査　135
　　2. 定量分析から定性分析へ　136
　　3. 小学校で養う将来の英語学習の「素地」の意味　140
　　4. 言語学習の基本を踏まえた指導法　142
　　5. 日本の小学校英語への応用：その基本的な構成　143

おわりに──校種間連携への展望── ……… 153

参考文献 ……… 159
索引 ……… 171
小学生英単語知識テスト　指示 ……… 175

はじめに

　日本の早期英語教育の在り方については，英語教育関係者の間で様々な意見があり，その行方はまだ定かではない。平成 23 年度から始まった公立小学校での「外国語活動」では，小学校 5 年生を対象に『英語ノート』（平成 24 度年からは改定版 *Hi, friends!* を使用）を使った英語の授業を行なっている。当初，小学校での英語学習の目的は，社会や経済のグローバル化が急速に進展し，日本の子どもたちがやがて国際社会で活躍することができるように，英語によるコミュニケーション能力を育成する必要があり，日本の小学校ではその素地を身につけることとなっている。しかしながら，1) 実際に行われている小学校での授業内容が中学校以降のコミュニケーション能力の素地を育成するのに十分か，2) 小学校での英語学習と中学校以降の英語学習の連携はどうあるべきか，3) その素地を養う指導者はどのように育成すべきか，など議論が絶えないのが現状である。

　そこで，本書では，日本の小学校での英語教育における英語の習得，具体的には意思伝達手段としての英語運用能力の育成方法について，現在ニュージーランドを始めとして英語圏で目覚ましい成果が報告されている Reading Recovery Program（以下，RR プログラム）の基本理念，指導方法および教員研修について説明する。次に RR プログラムから得た示唆を今後の日本の英語によるコミュニケーション能力育成に活かす方法を検討する。そして最終的にはより効果的な小学校英語指導法，小学校英語教育と中学校英語教育との連携，さらに他の校種間の英語教育の連携について提言することを目的としている。

　ここ 10 年，我が国では教科の枠を超えて「ことばの力」が重視されている。2004 年，文化審議会は「これからの時代に求められる国語力について」答申し，「考える力，感じる力，想像する力，表す力」からなる「情報を処理・操作する領域」と，「考える力や表す力」などを支え，その基盤となる「国語の知識」や「教養・価値観・感性等」の領域からなる「国語力」の育成を強調し

ている。ここでは国語力に重点が置かれているが，2005 年には，「文字・活字文化振興法」が制定され，学校教育において，「その教育の課程の全体を通じて（以下，波線部は筆者による），読む力および書く力並びにこれらの力を基盤とする言語に関する能力の涵養に十分配慮されなければならない」となり，1 教科にとどまる狭い概念ではなくなっている。さらに，中央教育審議会初等中等教育分科会教育課程部会の「審議経過報告」(2006) においては，学校のすべての教育活動を通じて言語活動を重視し，国語力の育成が図られるべきだとされている。その背景には，2003 年の OECD/PISA の学力調査において，日本の成績が予想以上に低いものであったことが考えられる。PISA (the Programme for International Student Assessment) の「読解力」は「自らの目標を達成し，自らの知識と可能性を発達させ，効果的に社会に参加するために，書かれたテキストを理解し，利用し，熟考する能力」であり，問題のテキストには言葉はもちろん，数，文字，絵画，図表，イラストなど動く映像以外のすべてを含むもので（安彦，2009），国語や外国語による言語活動や言語能力だけではない。「効果的に社会に参加するため」には，これでも十分とは言えず，理想的には広義のリテラシー (literacy) が必要であり，我が国の英語教育もそのような広い枠組みの中で考える必要がある。2009 年度に実施された PISA では，読解力は 2006 年度の 15 位から 8 位（520 点）に向上しているが，「社会生活に支障を来す可能性がある」とする下位層が 13.6% あり，これは成績上位国（地区）に比べて高い割合であることを忘れてはならない (2010.12.8 毎日新聞　朝刊)。日本では，2011 年から公立小学校で「外国語活動」として英語の授業が始まった。5 年生から学ぶことになるこの英語の授業では，「アルファベットの文字や単語の取り扱いについては，児童の学習負担に配慮しつつ，音声によるコミュニケーションを補助するものとして用いること」(文部科学省, 2008, p. 35)，また，「読むことおよび書くことについては，音声面を中心とした指導を補助する程度の扱いとするよう配慮する」こととなっている (Ibid. p. 19)。一方，諸外国の例では，第二言語および外国語教育の公的なカリキュラムの最初の段階（例：New South Wales, 豪州. Key Stages 1–2）から writing が導入されており，調査報告書でも reading と writing の相乗効果について記されている（例：Wright, 1992）。

2012年度から『英語ノート』は *Hi, friends!* という名称に変わり，その1では大文字，その2では小文字が導入され，各レッスンの最後に，まとめの活動として児童が自ら英語を使って行う活動がActivityとして配置されている。また，中学校学習指導要領では4技能を含むコミュニケーション能力の育成が謳われており，これらの実情と話し言葉中心の小学校英語教育とのギャップは学習者の英語能力にどのような影響を及ぼすのだろうかと，教育現場では不安の声もある。このような校種間連携の問題は，小・中間に限ったことではない。中・高，高・大間にも問題の質とレベルの違いはあっても，連携が不可能なほどの学力不振者の存在がある。そこで本書では，「はじめに」の前半で述べた目標達成のために，ニュージーランドで開発され，現在多くの英語圏で活用されている読み書き能力の遅れを取り戻すためのRRプログラムを多面的に分析し，その理論的背景や教授法および教材から，日本の小学校外国語活動と中学校の英語教育，校種間連携のための指導法と教材開発への重要な示唆を得ることを目的としている。

　なお，RRプログラムの解説を初めてお読みになる読者のために，また，目次や索引から特定の章やページを読まれる読者も想定されるので，RRプログラムの中心概念に関しては，各章の内容に即して繰り返し述べている。

Part I

Reading Recovery の視点から見た
日本の早期英語教育

第1章

Reading Recovery Program と
日本の小学校英語

1. 日本の小学校英語指導法の改善の必要性

　日本の小学校では，平成23年4月から，公立小学校の5年生および6年生児童を対象に，外国語活動としての英語の授業が開始された。週一回で年間35時間ということになっている。教材に関しては，それまでの文部科学省によって作成された外国語活動教材である『英語ノート』に代わり，平成24年度からは同じく文部科学省によって作成された"Hi, friends!"が小学校に配布されている。その教材を使ってどのような活動を行うかは担当教師の裁量に任されており，授業内でどのような発話を経験させるか，読み聞かせの頻度，アルファベットをどの程度教えるのかなど，指導者によって一様ではない。指導者に関しては，担任の先生が英語を教えるのが望ましいと考えられているが，実際はその教員が英語を指導する訓練を十分受けているかどうかなどの理由で，必ずしも担任だけが教えているわけではない。担任教師とその小学校の地域から募った英語を教えられる人材を招いてTeam Teachingをする，担任の先生とALT (Assistant Language Teachers) が Team Teachingをする，または担任の先生とJTE (Japanese Teachers of English) が Team Teachingをするなどの場合がある。小学校学習指導要領（外国語活動編）の方針にのっとって，それぞれの小学校で創意工夫をしながら英語を教えているが，その効果的なタスクや指導方法はまだ試行錯誤の状態である。
　さらに，国際社会で英語によるコミュニケーション能力の必要性がさらに高まりつつある中，日本の小学校では中学校以降の英語学習のための素地を育成

することを目指した授業を行うことになっているが，小学校外国語活動と中学校英語の連携については，必ずしも明確ではない。中学校英語での聞く，話す，読む，書くといった4技能の育成から，より高度な英語コミュニケーション能力の習得を目指す高等学校および大学との連携方法についても模索状態である。そこで本書では，これらの問題を視野に入れながら日本の小学校での英語指導法改善のために，Reading Recovery（以下，RRと略記）の指導理念と指導方針について述べることにする。

　RRプログラムは，ニュージーランド，オーストラリアを始めとした英語圏の国々の小学生の読み書き能力回復にその効果を発揮している。音声，文字，意味の関係を教えることを重視し，児童の日常生活に関連した状況を与えながら，読み書き訓練を通して，英語習得を目指す訓練プログラムである。毎日一回30分間，最長20週間という一対一で行われる言語プログラムであるが，その効果は学年を上っても持続するというデータが出ており，英語圏の国々では話題になっている。このRRプログラムは，読み書き矯正のための介入プログラムの1つであり，小学校1年生で必要とされる児童が訓練を受けるのだが，RRが必要な児童であるならば，開始年齢は1年生とは限らない。指導方法に関しては，英語の母語教育と外国語教育を比較すると，英語を使う頻度や必要性，日常生活で触れる語彙数などが異なるため，RRプログラムの指導方法を，外国語として英語を学ぶ日本の児童の学習状況に適するように応用する必要がある。その具体的な応用方法については本書の後半で話題にする。第1章では，RRプログラムを支える基本理念の「リテラシー発現」(emergent literacy) という考え方と，その「既知の事柄を基に未知の事柄を探る」(roaming around the known) という指導方針が，日本の小学生の英語コミュニケーション能力養成に役立つと考えられる理由について述べる。

2. 母語習得における就学前の「リテラシー発現」

　RRプログラムの発案者であるMarie Clayが最初に使った「リテラシー発現」(emergent literacy) という言葉は，人間が成長する過程で社会の様々なことを

理解し，知識として取り込みながら認知能力を発展させていくという現象が幼少の時期に既に起きていることを意味しており，Clay の教育理念の根幹をなしている。Clay (1991) は，学校教育を始める児童が，その前に既に児童を取り巻く様々な出来事について，周りにいる人々との音声またはジェスチャー（つまり文字以外の表現手段：non-print related systems）や児童が自分で理解したと思っていることを自分流の文字 (invented letters) を媒介にして表現しながら，自分の意思を発信していることに注目した。彼女は，この時期の言語理解と発信のために習得したストラテジーが，やがて文字を媒介とした言語理解と発信のためのストラテジーにつながるため，その初期の音声によるコミュニケーションまたはジェスチャーの中で使われたストラテジーから文字による意思表現の段階への移行が重要であると主張している。

　上記に述べられているように，リテラシー発現の時期は，具体的には児童が小学校に入学する前の時期を指している。児童が2歳から5歳くらいまでの時期に，両親や児童の面倒をみてくれる大人は，言葉をどうにか使って話そうとする児童に対し，通常は好意的な対応をするものである。そして，児童は大人や周りの人たちの言うことを理解しようと試行錯誤する。この周りの大人たちと児童との対話がこの頃の児童の母語発達を促進するため，とにかく（児童に一方的に話しかけるのではなく）児童と話す機会を増やすことがリテラシー教育には肝要であると考えられている。RR の指導でよく聞かれる教員の指示 (prompts) に，"Read like you're talking" がある。まさしく，就学前の音声言語の発達は，後の文字言語の発達を助けるというわけである。

　また，この時期に児童は，自分を取り巻く環境にある文字，サイン，お菓子やシリアルのパッケージ，テレビに映し出される文字や広告などに書かれている文字に興味を持ち，しばしばイラストを描く経験，自分で創造した「文字らしき記号」で書く経験を通して様々な概念について理解したと思っていることを表現している。Kress (1997) は，このような児童の概念理解 (meaning-making または construction of meaning) の特徴に注目しながら，そのプロセスについて次のように説明している。児童は，物全体をとらえるのではなく，その本質またはその特徴となる部分に注目して理解していく傾向にあるというのである。例えば「車」の玩具を見て「ブーブー」と呼ぶなど，車が出す音をとらえ

て「車＝ブーブー」と理解するのである。「ブーブー」という音を出す特徴を持っている対象物が「車」であるという認識から，次第に「ブーブー」は「車」というものであるという理解をするようになる。つまり，読み書き能力を習得する前段階の児童の言語活動は，それぞれ社会で生きて行くための目的を持ったものであり，意味のある行為である。また，児童は母語によるコミュニケーション能力が未発達な段階から，環境の中で自分が興味を持った物，その中で起きる様々な現象の特徴をとらえ，周りの人々との交流を通してその意味を理解し，次第に認知能力を発達させて行く。このように児童は，その社会で使われている言葉の意味をとらえるようになり，次第に自分を取り巻く言語システム全体を理解するようになるのである。この Kress の見解は，Clay の唱えている「リテラシー発現」という発想の理解に役立つと考えられる。

3. Roaming around the known の重要性

　この「リテラシー発現」という考え方は，RR プログラムの基本である roaming around the known（既知の事柄を基に未知の事柄を探る）という指導方針を生み出している。つまり，それぞれの児童が学習環境および生活環境の中で興味を持っていることや夢中になっていることに注目して，児童が「既に知っていること」から「まだ知らないこと」の学習へとつなぐということである。「学習」は，新しいことを「発見する状況」の中で起こるのだが，児童の既知の事実が意識的にも無意識的にも学習の要となっているはずであり，RR プログラムの発案者である Clay は，そのような人間の認知過程の基本に注目していたというわけである。

　それでは，「リテラシー発現」の時期に何をすべきか。Clay (1991) は，まずは本を読むことの重要性を強調している。児童は，周りの人々とのコミュニケーションを通して，音声による言葉の在りようについて学んでいるのだが，本を読む，または本を読み聞かせられる機会を通して，次第に活字と日常使われている言葉との違いに気づき，読書経験が蓄積されるにつれて，本に書かれている言語知識を増やすことができる。また，プロット（筋書き）の構成を理解

し，story schema（典型的な話の展開パターン）を知ることにより，話の内容を予測しながら，ユーモア，クライマックス，事件の真相，話のテーマなどを言葉で理解できるようになる。

　"Talking like a book" は，RR の指導中よく聞かれる指示である。「リテラシー発現」の時期の児童は，本を自分で読んでいるといっても，すべての文字を読んでいるわけではない。本の中のイラストなどから話の概要を推測し，大人が話を読んでくれた時の記憶を辿り，自分の言葉で言い換えをしながら「読んでいる」様子をしばしば見ることができる。その過程で音声による言語使用の経験や耳から入ってくる言語情報が，文字理解を助け，次第に talking like a book の段階へと言葉遣いが発展していくわけである。

　「書く」ことを通しても，児童は言葉を徐々に習得していく。しかし，先に述べたように，初期の「書く」行為には必ずしも正確な文字遣いが伴っておらず，しばしばイラストを描くことによって発信したいことを表現する。また，児童は自分が音声によるコミュニケーションを通して耳で聞いた音を自分で文字化することから，「書く」経験をするといわれている。例えば doctor という言葉を聞いて，ある子どもは DIKTR という綴りで表現するなど，5つの音素からなる語であるという認識をする (Clay 1991)。日常生活で文字を目にし，周囲の人とのコミュニケーションを通して言葉を覚え，時にはイラストを描くことによってメッセージを伝える，読んでもらった本の内容の記憶を頼りに文字らしきものを書くなどの経験を積み重ねながら，アルファベット文字，音声，意味の関係を理解し，児童は次第に正しい文字遣いをするようになり，言語能力が発達していく。実際の RR プログラムの書くタスクでも，手拍子をしながら音素の区切りを意識させる指導がよく行われている。

　この小学校就学前の時期は，音声によるコミュニケーションを中心とした言語習得の時期であり，この時期に周りとのコミュニケーションを盛んに行っている児童は，認知能力とともに言語能力の発達も著しいが，小学校での本格的な文字を媒介としたコミュニケーションの段階に進むとき，音声中心のコミュニケーションを通して培った経験が言語習得の素養となってくる。就学後，読み書きに躓く児童の能力回復の鍵は，この培われた経験を探りながら指導すること，つまり roaming around the known なのである。

4. Reading Recovery Program と日本の小学校英語教育

　RR プログラムでの指導方針と日本の小学生の英語教育の接点は，まさしく emergent literacy という発想と roaming around the known という指導方針である。平成 23 年から日本の公立小学校では，5 年生と 6 年生が外国語活動として英語を習い始めるようになった。日本の小学校 5 年生は，それまでにローマ字を学習している。小学校における英語学習は初めてであるかもしれない。また英語を使ってコミュニケーションしなければならない状況はそれほどないが，実際は普段の生活に外来語やカタカナによって表される言葉は氾濫しており，英語によって表現された物や英語に関連する物に囲まれた生活を送っている。児童は，成長過程において既に英語や外国文化について何らかの知識があり，その中にはカタカナやローマ字による英語の言葉や知識も含まれているはずである。児童は，彼らを取り囲む環境の中で，そこに存在している物，起きている現象などを自分の視点で理解し，何かを表現し相手にメッセージを伝えることを繰り返しながら言葉を習得しているのである。周りにあるものがアルファベット文字によってどのように表現されているか，その文字を媒介として周りの事柄をどう理解していくのかというように，英語を学習することにより周りの世界が広がってくる。英語圏の児童が文字を正式に学び始める状態と日本の 5 年生と 6 年生が英語を習い始める状態には上記のような類似点があると考えてはどうだろうか。

　言葉の習得は，児童が周囲にある事柄を理解し，言葉についての知識を構築していく過程 (meaning-making process) であることから，日本の小学生に英語を教える際にも roaming around the known の指導方針は必須となるはずである。英語は新しく学ぶ言葉ではあるが，児童が日常生活の中で学んだ英語関連の言葉や文化的知識へ彼らの注意を喚起し，その既存の知識を新しい言語学習への橋渡しとして使うことにより，外国語習得を促進させることができるはずである。

　上記で述べてきたように，英語の母語としての習得と外国語としての習得には共通点があると考えれば，本書で話題とする RR プログラムの指導方法は，日本の早期英語教育に多くの示唆を与えることとなる。また，この RR プログ

ラムが英語を母語とする児童の読み書き能力回復のためだけでなく，英語を外国語として学ぶ児童の読み書き能力獲得にも効果を発揮していることは，ロンドン大学教育学部 (IOE) 附属の Reading Recovery Center からの報告としてインターネット上に多くのデータと共に掲載されていることからも，この RR プログラムが日本の早期英語教育にも応用可能な指導方法であることは明らかである。

第2章

Literacy 教育の視点から
―― ニュージーランド事情

1. 読み書き教育 ―― 児童の成長と個性を重視する教育 ――

　ニュージーランドは，過去20年余り，質の高い読み書き教育を行なっている国としてよく知られている。2009年のPISAの結果でも，ニュージーランドはその読み能力部門において全体で7位（英語圏の中ではカナダに次いで2位）であった (The NZ Ministry of Education, 2010)。ニュージーランドは，先住民マオリ族を始めとし，多くの移民が居住する多民族多言語国家であるため，読み書き教育の充実は最優先課題となっている。

　このような状況下のニュージーランドでは，2005年までに9歳になる全ての児童が，何語で勉強しようとも，また児童の文化的背景が異なっていても，読み書き能力の習得および算数の能力を身につけることができるようにするという目標を政府が1998年に掲げ，次の年にその目的を具体的に明記したThe Literacy Taskforceを発表した (King, Jonson, Whitehead, and Reinken, 2003)。その中では，その目標を達成するためのプロセスをどのように測定するか，また読み書き教育がいかにしてうまく支援されうるかが述べられ，ニュージーランド読み書きおよび算数ストラテジー (The New Zealand Literacy and Numeracy Strategy) が確立されている。読み書きストラテジーでは，児童の学習に最も大切な要素として，児童と教員の交流 (interactions) があげられている。そのため，そのストラテジーの獲得には，読み書き学習についての教員の知識，児童への期待，児童の注意をテキストに向けさせる効果的な教授法，児童の家庭と学校の連携が必要であると述べられている。このリテラシー・ストラテジー (The literacy strategy）の他にも，読み書き，算数の習得が遅い小学校1学年から8学年の児童の学習補助を目的として学校に資金援助をしている。例えば，The Reading, Writing, and Mathematics Proposals (The RWMP) Pool や The Literacy Leadership Program for Primary Schools も学校を支援するために設立された。

　ニュージーランドが読み書き教育で成果を上げている理由として，上記のような様々な読み書き教育のために設立されたプログラムやそれらに資金援助をしている政府の力があげられる。一方，ニュージーランドの読み書き教育の成功の理由は，実際に小学校の授業を参観し，教員やリテラシー教育関係者から聞いた話からも理解することができる。本書著者2名は，平成23年8月，実際にニュージーランドの2つの都市（DunedinとAuckland）のいくつかの小学校を訪問し，RR訓練と小学校の授業参観およびRR教員研修参観を行なった。以下は，その研修報告の一部である。

　ニュージーランドでは，児童が5歳の誕生日を迎えると小学校で勉強を始める。そのため，クラス内の同じ5歳児の間でも理解能力や環境に順応する能力に違いがまだ見られる。さらにニュージーランドでは移民が多く，例えばNew Windsor School（オークランド市内の小学校）では約70%の児童が英語を母語としない家庭環境で育っているという現状がある。そのため，それぞれの児童の認知発達レベルおよび社会文化的背景を考慮に入れた柔軟な教育を施すことを重要課題としている。つまり，児童の成長は同じ学年だとしても，その身体的および知的発達は一様ではなく，それぞれ個性があるため，個々の児童の成長に向き合って指導をしていくのが原則であり，母語の異なる児童の家庭環境の違いは，それぞれの特徴と考えるということである。また，ニュージーランドの小学校には，いわゆる検定教科書がない。教員は，それぞれの児童の読みのレベルを測り，彼らの読みのレベルに適した教材を使う。児童が読むテキストは，それぞれの出版社によって基準は幾分異なるが，色によってレベル分け（emergent, early reader, fluent reader など）がなされており，児童は興味と読みのレベルによって様々なタイプのテキストを読むことができる。

　そのような考え方に基づいた指導方法として，グループ活動がある。認知レベルがほぼ同じ児童をグループとし，グループ単位でタスクを行う。教員はそれぞれのグループを回って指導していく。タスクでよく行われているものに

guided reading や shared reading がある。Guided reading では，教員が初めに児童が好むと思われるテキストを選び，そこに出てくる言葉や理解するためのストラテジーについて説明し，教員と児童はテキストの意味の理解に重点を置きながら一緒にテキストを読む。Shared reading では，guided reading の際の指導に基づき，そのテキストを児童がグループで読んだり，ペアで読んだり，またペアで読んだテキストを一人で繰り返して読むことによって，そのテキストの中の頻出単語が記憶に残り，読解力や流暢さが身につくと考えられている。次の写真は，児童がグループ活動をしている様子である。

　また，クラスの中では児童がそれぞれ自分一人でテキストを読むこともある。この independent reading は，以前学んだ読みのストラテジーを使って自分のペースで読むことができ，流暢さと読みの楽しさを知り，さらに自信をつけることができる。Reading aloud も，しばしばニュージーランドで行われている読みの練習の一つである。Freemans Bay Primary School (Auckland, New Zealand) では，校長先生が一年生 (Year 1) のクラスで毎日テキストを読み，抑揚をつけ，ジェスチャーを交えて読み聞かせていた。児童は，先生の周りに集まって話を聞くのである。典型的な話の展開パターン (story schema)，頻出語彙を学び，読む楽しみを見出すことができる。

　さらに，教室に入って目立つ物が掲示物である。児童の作品，児童の係，学習の目標など鮮やかな色を使って掲示されている。文字や数に常に触れること，自分の作品を見て達成感を抱かせることなど，これらの生活環境図 (environmental prints) は，児童の読み書き学習に役立っていると考えられる。

16 | 「英語の読み書き」を見直す

　次の写真のaとbは、ニュージーランド南島のDunedinという町にあるTainui Schoolの教室の様子である。Tainui Schoolの教室の壁には、このような絵がところ狭しと貼られており、児童の目に常にさらされている環境であった。これらの児童の作品が壁に掲示されている文字を繰り返し読むことになるため、読み書き訓練に効果的である。廊下にも絵が貼ってある（写真c, d, e, f）。

Tainui SchoolのStarter (Year 1) のクラスの写真

a.

b.

Tainui Schoolの年少(starter)クラスの前の廊下に貼ってあった日常生活の注意事項

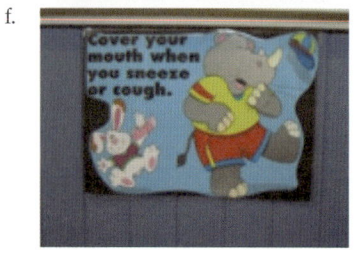

c.

d.

e.

f.

小学校の授業では，書く能力を伸ばすためにも様々な工夫がなされている。教室での交流や読みの活動を通して言葉の知識が増え，それらの知識が児童の書く活動に反映されるのである。下の写真 (g, h) は，教室の壁に貼られている児童の作品である。児童が持っている知識をこのような様々な形で表現する機会を与え，それらを掲示することによって，クラスの他の児童や教員と書く活動の成果を共有することができ，児童の言葉の理解がさらに深まっていくことが期待される。

g.

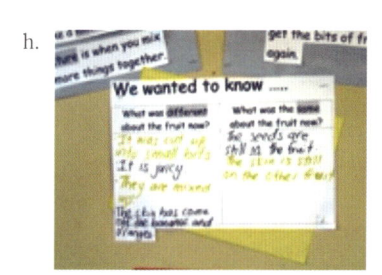

h.

　これまで述べたように，ニュージーランドにおける読み書き教育は，政府や教員の積極的な態度と工夫が効果を上げてきているといえるが，全ての児童がこれらのプログラムや指導方法によって読み書き能力を養うことができ，その能力を回復した学習者となっているというわけではない。読み書き能力習得に躓いてしまっている児童を支援するためのプログラム (intervention program) として有名なものに，本書の話題となっている RR プログラムがある。このプログラムは，ニュージーランドで開発された読み書き回復プログラムである。発案者は，教育者であり児童心理学者であるニュージーランド人，マリー・クレー（正式には Marie Mildred Irwin Clay）であり，1983 年にはニュージーランド全土の小学校でこのプログラムが取り入れられた。そして，この RR は英語を主要言語として使用しているオーストラリア，イギリス，アメリカ，カナダ，アイルランドなどの国々へと普及していっただけでなく，英語を第 2 言語または外国語として教えている国々の児童の英語力向上やスペイン語に応用したプログラムもアメリカで開発され，読み書き教育に多大な影響を及ぼしている。

Marie Mildred Irwin Clay

2. Reading Recovery Program の誕生

　Clay は，1976 年から 1979 年の間にニュージーランドでこの RR プログラムを開発した。このプログラムの目的は，小学校に入学してから 1 年後の段階で，1 年生相当の英語の読み書きレベルに到達できていない児童に，当該学年相当の読み書き能力を獲得させ，自分で問題解決ができるような能力を身につけさせるために，毎回 30 分間，個々の児童のレベルに合った指導を行う読み書き能力回復プログラムである。RR プログラムによる個別指導を受ける児童は，平均して 12-15 週間（最長で 20 週間）で 1 年生相当の読み書き能力を回復できると言われている。上掲の Clay の写真は，著者 2 人が 2011 年にニュージーランドのオークランド大学教育学部を訪問した際に貼ってあったポスターを撮影したものである。

3. 基本的な考え方

　RR は，読み書きで躓いた児童の能力を回復させるためのプログラムであるが，不足している能力を補うというような，いわゆる「補習 (remedial)」プログラムではなく，学習を「加速させる (accelerate)」プログラムである。読み書きに躓いている児童の数を考慮に入れると，教員による一対一のこの RR プ

ログラムは教育費という点で効率が悪いと批判されることもしばしばあるが，このプログラムで指導を受ける児童の少なくとも3分の2は通常のクラスの平均的なレベルまで能力を回復できることから，むしろ「効率的 (cost-effective)」と考えるべきである (Clay, 1992)。

　児童1人当たりの指導時間が30分間で，その中には次のような活動が含まれている：1) 音素認識訓練を行う，2) 既に内容を知っている話を読む，3) 児童がテキストを読んでいる様子を記録する，4) 文字指導を行なう，5) 文構造理解の訓練を行う，6) メッセージや話を書く，7) まだ読んだことのない話を読む。これらは，幾つかの重要な学習理論によって支えられている。

　Clay (1991) によると，RRプログラムを支える理論は，「包括的学習理論 (a theory of generic learning)」であり，学習はさらに学習を生み出していくということである。人間は，幼少の頃，読み書きの経験をすることによって，知識の回路を作るようになり，その回路が後の自立学習の基礎を作っていくという考え方である。そのため，RRプログラムでは，児童が小学校で教育を受ける前に養われている音声言語と小学校入学後の文字言語を結びつけるための効果的な指導方法の模索に重点を置いている。

　次に，Clay (1991) は，読み手がテキストを理解する際にその意味はテキストの中に既に存在しているものであり，テキストに示されている意味は読み手が予測しようとする対象であると考えている。さらに Clay (1991) は，効果的な文字情報を理解する方略を獲得しながら，正確に読み書きできる能力の養成が必要であると考え，それを促す RR プログラムの指導効果の重要性を説いている。そして効果的な指導を実現させるための方針として，必ずそれぞれの児童が既に知っていることを手掛かりにして，段階的に新しい学習内容を取り入れていき，知っていることと知らないこととの距離を縮めていくと述べている。

　ニュージーランドでは，児童が5歳の誕生日を迎えると小学校に通うことになっている。RRプログラムの創始者である Clay は，読み書き教育という点で5歳という時期を重要な年齢と考えていた。その背景には，上記で述べられているように，小学校入学前の音声言語中心の生活から，教育制度上，児童が学校で文字言語を学習するようになる時期であることがあげられる。この文字言語学習にそれ以前の音声言語の習得の際のストラテジーが影響を及ぼすという

「リテラシー発現」の考え方が根底にある。また社会の構成員として文字言語の習得が期待されるようになる時期であるからでもある。

4. 児童の躓きの観察から始まる指導

上記のような理論的背景をもつ RR プログラムは，その指導が児童の学習の様子の細かい観察 (observation) から始まっている。このプログラムの最初の「馴染みのある話から読む」段階では，それぞれの児童がどんなことから始めるべきか，どんな話を既に読んだことがあるか，教員は分かっていなければならない。教員は，観察記録シート (running record または observation sheet) を使って，児童がテキストのどの部分で躓いているか，その観察記録シートに記録することになっている。児童が躓いた場合，教員は児童の分からない言葉を教えるなどして助言を与えることもある。このプログラムの目標は児童が「自立した読み手，書き手」になることであるが，観察記録シートの記録に基づき，おおよそ 90% から 95% の精度で読めることを期待するものである (Clay, 2005)。

5. 優れた指導者の育成

RR プログラムで重要なもう 1 つの点は教員養成である。このプログラムには 3 つのレベルの教員がいる。1) Reading Recovery Teachers（以下，「RR 教員」とする），2) Reading Recovery Tutors（以下，「RR チューター」とする。なお，米国とカナダでは Teacher Leaders と呼ばれている），3) Reading Recovery Trainers（以下，「RR トレーナー」とする）である。1) の RR 教員とは，実際に読み書き能力に問題のある児童に集中的に個人指導を行なう教員のことである。RR 教員は，1 年の研修を受けた後，RR 教員（一種の仮免許）となり，通常の授業担当教員や父兄と連携して児童の能力を伸ばすことが期待されている。RR 教員は，研修中に研修施設に児童の 1 人を連れてきて，授業中の RR 教員や児童の気が散らないように，one-way screen のついた別室で RR

の授業を実践する。RRチューターや同僚はone-way screenの片側からその授業を参観し，事後にRR教員の教え方や教材選定について討論を行う。この討論を統括する人が2)のRRチューターである。RRチューター訓練コースを指導しているのが3)のRRトレーナーである。RRプログラムを効果的に運営するために必要な知識や技能をRRチューターに提供することになっている。

　これまでに述べたようにRRプログラムは，一対一の個人指導である。またRR教員は，その日の児童の読み書きの様子を見て，その児童の読み書き能力を伸ばすために適した教材を選ぶことができなければならない。したがって，それぞれの児童の読み書き能力を多面的に観察し，どの方向へ導くべきか適切な判断力が必要である。これらの判断は，それぞれの児童に対して毎回行う読み書きの観察記録に基づくのであるが，RR教員はClayの指導理念を反映した観察記録の付け方を習得する必要がある。また，教員養成のためのワークショップへの参加は，研修中の教員だけでなく，すでにRR教員として教えている人々にとっても重要なのである。このように，RR指導を成功させるために指導者の役割および教員研修の在り方も，日本の早期英語教育における指導者の在り方へ示唆を与えるものと考えられる。

第3章

Reading Recovery Program の実施体制

1. アルファベットとローマ字：日本の児童はどうとらえるか

　英語を学んでいる日本の小学生は，英語の綴り字が分からないとき，ローマ字を使って表すという方略をしばしば使うようである（例：Polar bear live in Hokkyoku. Lion =kowai.）。また，綴りが思いつかないとき，自分でその英単語を発音してみて，その音を頼りにその言葉を書くこともあるが，そこでもまた英語とは言いがたい語を見ることがある（例：Koala is smale. この児童は実際"small."と表現したかった）。さらに，分からないところは日本語で補いながら英語で表現しようとする（例：Tiger cat 科．Koala 木の上で生活する「トラはネコ科で，コアラは木の上で生活する」という意味を表している）。英語を学び始めた日本の小学生は，英語という新しい言語を理解しようとするとき，日本語や日本語で学んだ知識を使うというのは自然な学習プロセスであろう。小学生にとって，ローマ字は日本語とも英語とも思えるのであろう。

　アルファベット文字は，漢字の場合とは違い，1つ1つの文字に意味はない。ある文字がいくつかつながることによって「語」を形成し意味を成すのである。その文字群とそれが表す意味の関係は恣意的であり，1つ1つ意味を覚えていかなければならない。また，語の最小単位である音素が連続してそれぞれの語の「発音」が成立している。実際に児童がアルファベットを理解するには，26 文字（大文字と小文字の違いや字体の違いも含むと 26 文字以上になる）のシンボルを認識することが要求される。また，15 世紀の印刷技術の導入により綴りが統一されるようになったが，一方で，フランス語の影響や他言語からの借入が行われ，さらに 15 世紀から 17 世紀にかけて母音が変化していくと

いう「大母音推移」現象が起こり，いつしか綴りと発音の関係に一貫性がなくなってしまった英語は，外国語として英語を学ぶ日本の学習者にとって難しい言葉であるかもしれない。

　英語を母語とする小学生の読み書き能力回復を目的として開発されたプログラムである RR は，文字，音声および意味の理解と，話し言葉を書き言葉へつなげる練習を中心としつつ，学習者の既存の知識を活用し，訓練しながら新しいことを学べるよう導く指導法である。この RR の指導理念と指導方法から，前ページにあるように，日本の小学生の習得過程にみられる中間言語を正しい目標言語へ導く示唆を得られるのではないだろうか。

　この RR を，英語を外国語として学ぶ児童のための言語プログラムへ応用する際には，実生活で使う頻度や教育機関での授業時数が異なるなどの理由で難しい面もある。しかし，第 1 章で述べたように，イギリスでは RR は英語を外国語として学ぶ児童の読み書き能力回復にも効果があるという報告があり，またアメリカではスペイン語のための RR も効果を上げているという報告もある。それらの報告からも，私たちが RR から日本の早期英語教育へ示唆を得られる可能性がある。

2. Marie Clay のリテラシー教育

　Clay (1991, 2005) は，読むことも書くことも，メッセージを獲得し伝える活動であり，問題解決の活動 (problem-solving activity) でもあると考えている。そして，両方とも音声によって表現される言語と，文字というコードを媒介として表現される言語を脳内で結びつけネットワークを作り出し，それらのネットワークは相互に影響し合い，次第に今まで読んだことのないメッセージの理解が可能になってくるのである。この過程を literacy processing と呼んでいる (Clay, 2005)。そのネットワークを作り出す初期段階では，児童は書き言葉の規則を習得する必要がある。

　Clay (2005) は，小学校に入学して勉強を始めた児童が読み書きに躓いている原因を観察すること (observation) によって見つけ，なるべく早い段階で解

決する方法を模索し (early intervention)，その児童に同学年相当の読み書き能力をつけさせるよう手助けをすることを指導方針としている（実際の基準は，入学してから約1年前後に読み書きレベルが下位20%に属していると思われる児童の能力を当該学年レベルまで向上させるというもの）。またその際に指導者は，読み書きに躓く原因は，児童それぞれによって異なることを認識していなければならず，個々のケースに適切な対応をすることが期待されている。

3. 観察記録

RRでは，訓練を受ける児童の読みの能力を判断するために，観察記録シート (running record) を使う。児童の読みの力の典型的な測定方法は，文字，音および単語の知識量を測るというものであろう。しかし，この観察記録シートでは，児童が声を出してテキストを読んでいる最中に読みの躓きの様子を観察しながら，児童が文字，音声また語の知識をテキストの内容理解のためにいかに使っているか把握することができる (Clay, 2000)。読みに躓く児童の場合，右から左へ読む，テキストから離れる，語を飛ばす，間違って読む，前に戻って読むなど様々で，その読みの行動で躓いている場所に SC (self-correction) などの記号を使いながらチェックマーク (√) をつけるのである (Clay, 2000)。

4. 典型的な指導手順

上記で述べたように，RRでは，それぞれの児童の躓きごとに適切な指導を行なうことになる。しかし，語の文字配列の規則および音韻規則の理解とともに，知っていることから知らないことへの理解へ段階的に導いていくという根幹は変わることはない (Clay, 2005)。RRの指導に含まれる典型的な指導内容は，次のページにあるような活動である。

① **Rereading familiar books**
　この活動では，児童が既に知っている内容のテキストを読むことによって，読む速度が上がり，いろいろなタイプのテキストを読む機会を与えることができ，効果的で流暢な読み方ができるようになる。また知っている話を読むため，児童が一人で長く少々難しい話を早く読むことができることが期待される。

② **Rereading the yesterday's new book**
　前日のRRの授業時間の最後に今まで読んだことのない話を教員に助けられながら読んだ児童が，ここではその話を一人で読む。この活動のために読むテキストはinstructional textと呼ばれており，観察記録シートで読みの力を判定するために使われるのである。この段階では，前日注意されたところが分かっているかどうか，語の中の文字の塊を見つけられるか，テキストの意味や文の構造が分かっているか，読みの方略を使っているかどうかなどが，観察記録シートのためのチェックポイントとなる。

③ **Letter identification and breaking words into parts**
　児童が知っている単語を文字単位に分ける，語の頭字音 (onsets) や韻 (rhyme) に注目し，単語内における並び方の規則，その発音と抑揚の仕方を学ぶ。児童は，同じアルファベット文字の塊が異なる語の中にもあることに気づく。また，その類似性に注目して文字と音の関係を理解する。

④ **Writing a story or message**
　児童は，学んでいる言葉でお話，日記，また何かメッセージを書き，教員にその内容について説明するなどして共有する。何を書くにしても，児童の趣味，得意なもの，家族の話など，児童に関係のある事柄を題材として選ぶことが肝要である。学習を促進するためには，そのようなpersonalizationを通して，知っていることや経験から知らないことへの学習が可能となるわけである。またこの際，アルファベット文字が左から右という方向へ書かれているか，語と語との間にスペースを取ることが分かっているか，そして文字を並べることによって語を作ることを学び，語の中の音素を聞いて理解するなどし

て，書くことのできる語の数を増やしていく。この書く活動をすることによって，書ける語の数を着実に増やし，書く内容も複雑になり，流暢に書くことができるようになる。児童は自分で話している語の音素や綴り字について分析して理解することによって，書き言葉の習得へと導いていく。

⑤ **Hearing and recording sounds in words**

　この活動では，音と文字の関係について理解を深めることを目指す。語を構成する音素を聞き分け，語の頭字音や韻を聞きとる練習をする。間もなくほとんどの子音を聞き分け，ほとんどの文字を理解することになる。児童は，左から右へ字を書くこと，最初から最後まで音素を意識して書くことができるようになる。また教員の助けなしに，ほとんどの音素を聞き分けるようになる。文字を書いているときに音と綴りが一致していないと気づいた場合は，教員の説明が必要となる。

⑥ **Reconstructing the cut-up story**

　教員は，児童が書いた文の中から1文を選び，それを短冊のような紙に書き写し，それを語ごとに切り分け，児童にそれを並べ替えさせる。児童は，語順を理解し，最初の語と最後の語，ピリオドの有無の確認，間違いを自分で直しながら語を並べ替えかえることが期待される。教員は，語の発音と綴り方についても注意を喚起し，児童が自分で問題解決をしながら文を並べ替えられるように指導する。

⑦ **Sharing the introduction to the new book**

　この段階では，まだテキストを読まないが，児童が読んだことのないテキストを紹介し，教員と児童は，場面やそこに出てくる新出語，文の構造などについて話し合う。児童はどのような点に注目しながら新しいテキストを読むべきかを理解する。

⑧ **Attempting the new book**

　ここでは，児童が，今まで学んできた語の知識，文字の並び方，文構造につ

いての知識などを使って，教員の助けを得ながら，今まで読んだことのないテキストを読むことに挑戦する。教員は児童の読みの能力を考慮して新しいテキストを用意しておく。

　12週から20週の間のこのRRに参加した後に，児童は学年相当の読み書き能力を回復すると考えられている。RR教員，クラスの担任とindependent assessor（そのRRで訓練を受けた児童を直接教えていないもう一人の教員がこの決定プロセスに参加し，公平な立場で判断する）は，RRに参加している児童の観察記録シートや学習状況に見られる改善の様子についてよく話合い，RRを修了する (discontinue) 時期を決める判断をすることになる。
　RRでは主に上記8つの指導メニューを繰り返すのだが，本格的にこのRRプログラムの訓練を始める前に必ず行うのが，warming-up sessionである。これは，RRプログラムで学び始める児童とRR教員がお互い知り合う重要な期間である。適切な指導を行うために，RR教員はその児童がどんなことに興味を持っているのか，得意なものは何かなどの児童の個人的な情報について知る必要がある。この期間に行う活動は様々であるが，特にこれをやらなければならないというモデルはなく，児童に好きなものを書かせる，作らせるなど思考を凝らした活動が行われている。どのくらいの時間をこのwarming-up sessionに費やすかについては特に決まりはない。
　RRプログラムを成功させるためには，RR教員と児童本人の努力だけが必要とされているわけではない。児童の保護者も大きな役割を担っている。児童がRRの訓練を始めると間もなく，保護者はその授業の参観が許され，その具体的な指導の様子を見ることができる。また，児童らはRRの授業の後2, 3冊の本を持ち帰るので，自宅で毎日10分から15分程の時間を割いて一緒に読み，また⑥のcut-up storyで使った語ごとに切り分けたものを児童が持って帰ったとき，自宅でもう一度一緒にcut-up storyの組み立てを行なうことによって，読みの能力回復に役立てる。保護者は，自宅で児童の読み書きを指導する必要はない。保護者の役割は，常日頃から児童の努力を誉め，躓いたときに励ますなどの家族の支援することである。児童の情意フィルターを低くすることによって，RRの効果を上げることに結びつく。言葉の学習を成功させるた

めには，教育機関だけでなく，家庭のサポートも肝要なのである。

5. 教員になるための要件

　ニュージーランドだけでなく，英国やカナダなど多くの英語圏の国々でRRプログラムがその成果を発揮している理由として徹底した教員研修制度があげられる。RRプログラムの充実とともに，RR教員養成段階だけでなく，RR教員になってからも定期的に指導者の教授技術の向上を目指す訓練に参加することが義務づけられているのである (European Centre for Reading Recovery Institute of Education, University of London, 2012)。毎年，多くの大学でRRに関する講義・演習が行われているが，現職教員を対象にした研修会も盛んである。研修会ではどんな内容を学ぶのであろうか。

① 研修期間中に評価の研修に3回出席し，授業観察調査の実施方法とRR児の診断方法を学ぶ。
② 現職研修に17回出席する。
③ 研修期間中に専門能力向上のセッションで，少なくとも2回，児童にRR補習を行う。
④ 研修を受けている仲間を訪ねるとともに，その人に自分を訪ねてもらう（お互いに授業を見せ合って共に向上を目指すのである）。
⑤ 該当する児童を最低4名，学校で毎日30分間，個人指導をする。
⑥ 指導教諭（RR教員リーダー）に4−6回訪問指導を依頼し，適切な教え方に関する指導を受け，疑問に答えてもらう。
⑦ 学校関係者および児童の親と面談する。
⑧ 指導の基礎として，個々の児童への指導記録を取っておく。
⑨ 自分の指導データを毎年モニタリングに提出する。

　現在ではRRに関する専門能力向上のプログラムは，国際的に認められる資格となっている。例えば，英国の場合，Advanced Educational Practice (AEP)

というコースがあり，RR専門職プログラムを修了した教員が，自分の指導したRRの記録を提出し，実践研究を通して児童の読み書き能力についてまとめると，修士課程レベルの30単位を授与される。その単位はAEP内の修士課程で用いてもよいし，別の教育機関（例えば地方の高等教育機関）等の修士課程で使うことも可能になっている。

第4章

読み書きできる市民を育てる Reading Recovery: 米国, 英国, 豪州, カナダ, アイルランドの現状

　読み書き教育の分野では, 読み書きの学習方法, 読みや綴りで躓いている児童の問題をどう解決するかについて既に多くの研究がなされている。しかし現実として, 米国, 英国, 豪州, カナダ, アイルランドといった英語圏の先進国では, いまだに読み書きに躓く児童の数が多く, 読み書き能力について実態調査や指導方法の研究が国家レベルで行われている。近年それぞれの国から出された読み書き教育の指導方針についての報告書では, 読み書きを習い始めの数年間では phonics（初歩的な綴り字と音声との関係を教える）中心の指導とその明示的な指導の必要性が一様に強調されている。また, リテラシー教育の中でも特に「読み」と「読み方教育」に関心が高まっていることが, それぞれの国の報告書から明らかになっている。本章では, 英語圏の主な国（米国, 英国, 豪州, カナダ, アイルランド）の読み教育の指針とリテラシー教育事情を鳥瞰しながら, 読み書き能力改善のための介入策 (intervention programs) の1つである RR プログラムがそれぞれの国でどのような成果を上げているか報告する。

1. 米国事情：No Child Left Behind

(1) RR を取り巻く米国教育事情
　米国では, ここ35年間で最も徹底した教育改革法案として "No Child Left Behind Act (NCLB)" がある。NCLB は, ブッシュ政権下で定められた新しい

教育政策であり，児童の学習能力を向上させるという実績をそれぞれの学校に要求するものである (Scholastic, 2011)。"Reading First" は，この NCLB の下で作られた連邦政府の教育助成金であり，NCLB の教育的基盤として児童の学習能力の向上と効果的な指導方法の開発を目指している。またこの "Reading First" は，幼稚園から小学校 3 年生までの授業が対象となっており，この助成金を受けた学校では，「科学的根拠に基づいた読解指導 "Scientifically Based Reading Research (SBRR)"」を行なうことになっている。"Reading First" の調査結果では，読みの能力養成には 1) 音素についての理解，2) 綴りと発音の関係を教えること，3) 流暢さ，4) 語彙，5) 理解の 5 つの要素が重要であると考えられていたため，この "Reading First" の下で行われるプログラムは，これらの構成要素を含んだ効果的なものであることが期待されている。このような状況において，RR プログラムも米国の児童の読解スコアを上げるために重要な役割を果たしている。

　アメリカで行われている RR プログラムは，1984 年にオハイオ州立大学の教員によって始められ，それ以来 RR プログラムはアメリカでも盛んに行なわれるようになり，その効果について多くの調査結果が報告されている。また，1988 年から 1989 年にかけてスペイン語の読み書き能力回復のための RR プログラムも開発され，Descubriendo la Lectura (DLL) と呼ばれている (The Ohio University, 2009)。

　2007 年から 2008 年に公表されたデータによると，1984 年の RR プログラム発足以来，RR と DLL で訓練を受けた児童の数は，1,700,000 人を超すと言われている。また，RR プログラムに参加した児童の 58% が男子，61% が学校給食費免除または減免という措置を受けている児童（貧困層の子供であるということ）で，56% がヨーロッパ系アメリカ人で，18% がアフリカ系，2% がアジア系，19% がスペイン系，残りの 5% がその他である。82% の児童が英語を母語としており，さらに児童の 13% が障害者であるという報告もある。

(2) オハイオ州を拠点として広がった RR プログラム

　1984 年 9 月，RR プログラムを開発した研究者であり教育者でもあった Marie M. Clay と Barbara Watson は，アメリカ，オハイオ州立大学の教員とオ

ハイオ州コロンバスの公立学校の教員16人に，このRRプログラムを初めて紹介した (Pinnell, Fried, and Estice, 1990)。この一対一の個人指導を特徴としたRRプログラムの試験的導入により，6つのコロンバスの小学校では，読み書き能力の習得が最も遅いと見なされた小学校1年の児童が，平均12週から20週の訓練期間を経て，その年の末にはそのうちの67%が効果的な読み書き能力の習得に成功したという報告がなされている (Lyons, 1998)。このようにして，その後，急速にRRプログラムがアメリカの教員の間に受け継がれていった。

　1985年には，RRの試験的な試みが成功したため，オハイオ州議会ではRRプログラムのための教員訓練に州の予算を供給することになり，1987年までに，RRプログラムはオハイオ州の182の学区で行なわれるようになった (Lyons, 1998)。その後，読み書きに躓いた児童が当該学年相当の能力を獲得したという例はますます増え，1986年には73%の児童がRRの訓練により読み書き能力が回復でき，さらに1987年には79%へとその児童の数が増えるなど，このプログラムの効力が認められるようになり，オハイオ州議会はRR教員およびRR教員リーダーのための教員研修に12年間予算を与え続けた (Lyons, 1998)。

　1987年には米国教育省のNational Diffusion Network (NDN) は，RRプログラムが教育現場での実証を経た指導方法であるとの認識を明らかにし，RRプログラムをオハイオ州以外の州の学区でも実行するための予算を与えることにした (Lyons, 1998)。またオハイオ州以外からも4人の教育者がオハイオ州立大学の1年間プログラムであるRR教員リーダーコースを受講し，RRプログラムの訓練方法の学習をすることになった。これら4人の教育者がその後それぞれの州へ戻り，RRプログラムを広めていったのであった。その後，1996年から1997年の間，アメリカ版RRプログラムは，48州，コロンビア特別区，アメリカ国防省海外学校で行われるようになっていった (Pinnell, et al., 1990)。Lyons (1998) のデータによると，1996年から1997年にかけて，RRのネットワークとして大学のRRトレーナーは42人，RR教員リーダーは667人，RR教員は15,483人，RRを実施している学区は3,241，9,815校もの学校で実施するようになっていた。また，RRプログラムで訓練を受けた児童の数は108,876

人に上り，少なくとも 60 回授業を受けた児童または 60 回授業（基本的に学校がある日に RR の訓練を受けると考え，それぞれ 1 回とする）を受ける前に RR プログラムを修了した（discontinue と言って，学年相当の読み書き能力がついたとみなされ訓練をやめたという意味）児童の数は 78,935 人となり，83% の児童が RR プログラムの訓練を受け読み書き能力を回復することができたという結果が出ている。RR プログラムが試験的にアメリカで始まった 1984 年から約 10 年余りで，アメリカ全土に RR プログラムが広がっていったことが分かる。

　この一連の RR プログラムに参加した児童の読み書き能力向上に関する研究は，同じ年代の児童で RR プログラムに参加していない児童との比較で行われた (Pinnell, Fried, and Estice, 1990)。測定の基準となるスキルは，1) text reading: どの程度正確にテキストの内容を理解して読めるか，2) writing samples: 英語で書かれた内容が読み手にどの程度分かるか（外部審査により判断される），3) letter identification: アルファベット文字の名前や音を正確に理解し，発音できるか，4) word test: 単語の理解，5) cocncepts about print: 本の内容の中で，文字の書き方についての質問に答えられるか，6) writinig vocabulary: 10 分以内に児童がどれくらい単語を書くことができるか，7) dictation: 聞き取った英文中の語の形態素を正確に表現できるかどうかとなっている。RR プログラムで読み書き能力を矯正し，プログラムを修了した児童は，当該学年相当の読み書き能力を持っている児童と同等の能力があることが明らかになった。さらにこの児童は，その後 2 年間追跡調査の対象となり，無作為に抽出した同じ学年相当の児童の読みの能力と比較し，RR プログラムで習得した読解能力はその後も保持されていることも分かった。オハイオ州では 1990 年の段階では，22 ヶ所で教員のための RR 訓練を行なっている。またそれぞれの訓練所では，RR の訓練効果の測定を毎回行なっており，その結果も良好なものであった。

　International Data Evaluation Center（2009 年）のレポートによると，2008 年から 2009 年の 1 年間で RR プログラムの訓練を受けた児童のうち（これらの児童は Intervention Status of All Reading Recovery Children Served と表現されており，最低限 60 回の授業を受けてない RR の児童も含んでいる），読み書き能力が回復して訓練を修了することができた (discontinue) 児童は全体の 60%

で，RR プログラムで訓練を受けたが十分能力を伸ばせず，他の介入プログラムへ推薦された児童が 20%，能力を回復するまで訓練を続けることができず断念した児童が 14%，転校等で移動した児童が 4% となっている。また，60 回の授業を受けた RR プログラムの児童 (complete intervention) のうち，75% が訓練の成果を上げ RR を修了することができ，25% が recommended（RR の訓練では能力が回復しないので，他の介入プログラムを受けるよう助言された児童）となっている。また，スペイン語版 RR(DLL) に参加した児童の 74% が学年平均の読み書き能力を回復したということである。さらに，RR を受けた小学 1 年生と，無作為に抽出した一般の小学 1 年生で RR を受けていない児童を比較したところ，RR を受けた児童は他の 2 つのグループの児童よりも読み書き能力が向上しており，RR で身についた読み書き能力は，小学校 2 年生になっても持続していくことが分かった。これらの結果は，RR プログラムの効果が年々上がっていることを示している。

(3) RR プログラムと Response to Intervention (RtI)

2008 年の The What Works Clearinghouse (WWC) による 3 年間の RR に関する調査結果によると，RR で最も効果があると思われるスキルは，アルファベット (alphabetic skills) 習得と一般的な読解能力 (general reading achievement) であり，次に有効であるスキルは流暢さ (fluency) と，理解したことを表現する能力 (comprehension outcomes) であることが明らかになった (The Ohio State University, 2009)。

アメリカでは 2004 年の Individuals with Disabilities Education Act (IDEA)（障害者教育条例）の改正以来，学習障害を持っているかどうかに関して児童の読み書き能力を判断する方法として，従来まで使っていた the IQ achievement discrepancy という方法（IQ テストの得点が低い児童を学習障害があると認定していた）ではなく，もう 1 つの選択肢として Response to Intervention (RtI) を使うことを奨励した (Bailey, 2010)。RtI とは，ある児童に特別教育を受けさせる判断をする前に段階的にその児童に学習障害があるかどうかを判断する方法である。RR プログラムを持っている学校は，通常のクラスの授業についていくことが困難な児童に特別教育を行なうためにこの RtI の方法をとってい

る。そのような児童を特定した場合，RR プログラムへ入れて，一対一の訓練を 20 週まで行なう。もし，RR プログラムでもその児童の読み書き能力が当該学年相当のレベルまで一定期間の訓練の後でも到達しなければ，より集中的な特別訓練を施すことになっている。

　教育経費という点においても，RR プログラムは貢献しているようである。アメリカでは，導入された RR プログラムが，従来ならば特別教育を受けるよう促してきた児童の読み書き能力回復に役立っているため，特別教育に費やす経費を削減することができたと言われている。

2. 英国事情：Every Child a Reader (ECaR)

(1) リテラシー教育プログラムの発展の社会背景

　イギリスでは，家族問題や経済問題から充分な教育を受けることができない児童が学校で落ちこぼれる確率は，そのような問題のない同級生と比べて 5 倍にのぼると言われている (Gross, 2008)。また，イギリスでは，11 歳の児童の 5% 以上（2010 年には約 3 万人以上と言われている）が，基本的な読み書き能力を習得せずに小学校を卒業し中学校へ進学していると言われ，特に男子の割合は高いと言われている (Every Child a Reader Trust, 2011)。これらの児童は，後に中学や高等学校へ進学するようになってから不登校，いじめ，失業，犯罪に巻き込まれるなどの結果を招く可能性が高くなっている。監視下に置かれている青少年のうちの 25% が，読みの能力が 7 歳児以下であると言われている (Every Child a Reader Trust, 2011)。イギリスでは，これらの児童に基本的な読み書き能力を習得させるために，小学校入学前または小学校低学年の段階で特別な教育措置 (intervention) が必要であると考えられている (Gross, 2008)。特に，国民全体の読み書き能力を向上させるためには次世代を育成する親の基本的な読み書き能力が十分でなければならないという考え方から，次世代を担うことになる児童の多くが，読み書き回復プログラム (remedial programmes) に参加している (Gross, 2008)。

　今やイギリスのリテラシー教育のスローガンとなっている "Every Child a

Reader（すべての子どもに読める力を！）"は，調査に基づいた包括的なReading Programであり，慈善団体，経済界，政府そしてロンドン大学教育学部 (IOE = Institute of Education) の協働作業により発展したプログラムである。

"Every Child a Chance Trust"は，リテラシー教育として基本的な読み書きおよび算数のスキルの回復訓練の援助を目的としており，4分の3以上の（基礎的なスキルが極端に低い）児童が毎日一対一の授業を平均40時間受けた後，年齢相当のレベルのリテラシーレベルに達したという成果を出している (Every Child a Chance Trust, 2011)。そのプログラムの中でもRRは，極めて低い読み書き能力で苦しんでいる5歳または6歳の子どもたちが，特別に訓練を受けた教員から一対一の指導を受けて，18週間以内に年齢相応の読み書き能力を習得でき，さらにその能力が持続するということで，教育に関心を持つ多くの人々に支持されている。このプログラムでは，読み書きの回復訓練を必要としている6歳児に集中的に訓練を提供することのできる小学校のRR教員を育成する援助を行なっている。さらにこれらの子どもの教育にかかる費用についても，Every Child a Readerで子どもたちの教育に£1費やすことによって，国庫の財源の£12から£19を削減できると言われている (Every Child a Chance Trust, 2011)。2011–2012年のデータによると，国家利益という観点からRRの長期的な効果としては，RRで訓練した児童1人当たり£18,400（他の新しい介入プログラムで訓練した場合は£3,600である）となり，RRの訓練により読み書き能力が回復した場合，人的財産として国家への貢献度が高いと考えられる。

(2) 英国におけるRRプログラム

ロンドン大学教育学部を中心としてRRの実践指導はかなりの割合で広まっている。IOEの2011–2012年 Every Child a Reader (ECaR) 年間報告によると，この1年間でRRを実行している地区はほぼ130か所1,700校を超えており，そこでRRで訓練を受けている児童は，ほぼ15,000人で，RRを修了した児童の82%が通常クラスで読み書き訓練を受け続けるための十分な方略を身につけることができた。つまり，5人のうちほぼ4人が通常クラスの児童のレベルに到達することできたことになる。英国でRR訓練を受けている児童の約半数

は社会的に不利な家庭環境出身者であり，学校給食費免除 (free school meals) になっている児童である。一方，5人に1人ほどの割合でRRの訓練を受けても目標とするレベルに達しない児童がいるという現実もあり，そのような児童は引き続き学校で長期間にわたる支援を受けることになる。しかしそのような児童も，通常は6か月のうちに1年上の読みのレベルまで達成するなどかなりの進歩をしている。

　2010–2011年の記録では，Every Child a Reader (ECaR) の活動の結果として，1年間に28,123人の児童が読み書き教育のための支援 (additional literacy support) を受け何らかの補習を受けている。「補習」という言葉は，日本では授業以外のプラス・アルファとして解釈されるのが普通であるが，英国ではRRの補習を授業内に（教室の片隅または別室）で行うのが一般的であり，またティーム・ティーチングで行っている場合もある。学校では様々な介入プログラムを用意しているのだが，そのうちRRの補習を受けている児童21,038人のうち42%が学校給食費免除 (free school meal) になっている児童であった。読み書きに躓いている児童の中で，RRプログラムで訓練を受けている同学年の貧困家庭の児童数は，財政的に恵まれている家庭の児童数よりも2倍であることから，低い読み書き能力と家庭環境には関係があるようだ。また，RRの訓練を受けている児童の61%が男子児童で，22%の児童が英語をadditional language（外国語あるいは第二言語という呼称は厳密には適切ではないので，近年はこの呼称が用いられることが多い）として学んでおり，45%の児童が少数民族出身者であった。さらに，RRを受けている児童のほとんどは1年生 (Year One) であり，2年生 (Year Two) にいる児童の3分の2は前年度からRRの訓練を始めていた。避難民または養護されているなど社会的に弱い立場にある児童 (vulnerable children) は938人であった。10,803人以上の児童が特別教育 (the Special Educational Needs, SEN)) が必要であると認定されていた。

　2010–2011年のRRプログラムの成果に関する記録によると，RRの指導を受けた結果，81%の女子児童，78%の男子児童が当該学年の読み書きレベルに到達することができた。RRを受けた結果，貧困家庭の児童の達成度と貧困層以外の家庭の児童の達成度との格差は縮まり，それぞれ75%と82%の児童が学年相当の読み書きレベルを習得することができた。英語を外国語として学んで

いる児童と少数民族出身の児童の場合は，RR の効果がより高く出ており，それぞれ 83% と 79% の児童が読み書き能力を向上させることができた。難民児童の 85%，養護されている児童の 72% は，当該学年相当の読み書きレベルに達することができた。さらに，1,871 人の児童は，特別教育の枠から解放され，より効果的な指導を受けられるようになった。この数字から，年々リテラシー回復のための補習訓練として RR の信頼度が高まっていることが分かる。

　2011-2012 年の Every Child a Reader(ECaR) の報告書によると，読みの能力に関するならば，RR を始めた児童の 6 人中 5 人 (83%) は RR テキストレベル 2 かそれ以下であり，いわゆる non-reader レベル（読み書き能力が極端に低い児童で，本のレベルだと level 0, level 1, level 2 に該当する）であるが，18 週間または平均 36 時間の一対一の訓練の後には，79% の児童が当該学年の児童と同じレベルの読みの能力を習得することができたと言われている。一方 Writing も ECaR の重要な部分であり，RR の訓練でも力を入れている。読みの活動から学んでいることは，書く活動にも役立っており，読みと書く活動は相互補完の関係にある。児童は，自分が考えていることをいかにして文字で表現するかを学んでいる。具体的には，児童の持っているフォニックスの知識を言葉の綴りにどう使っていくかを学ぶのである。児童は次第に複雑で不規則な綴りのパターンを学ぶようになる。また，自動的に書くことのできる語の種類を増やし，より長い複雑なメッセージを自力で書くことができるようになっている。RR の終り頃（約 18 週間経過），児童は書くことが上達してくる。読みでも書く能力においても，RR で訓練を受けた児童は，後程までその能力を伸ばしていくという点は注目すべきである。

(3) 英国での早期リテラシー教育の試み：ケーススタディ

　Alston Primary School は，バーミンガムの経済的社会的に不利益を被っている地域にある小学校である。そしてこの小学校の多くの児童にとって英語は an additional language である。このような事情から，リテラシーレベルが大変低い児童の多い小学校で，児童の読みのレベルを年齢相当のレベルに引き上げるのは努力が必要である。このため，この小学校では 2 人の RR 教員を雇い，児童の読み能力の改善に努めている。Sybil Stewart (the lead Reading Recovery

読み書きできる市民を育てる Reading Recovery　39

teacher と呼ばれている）は，Key 1 レベル（英国で 5 歳から 7 歳の児童のレベルを意味し，小学校 1 年生から 2 年生相当の学年のことを指す）にいる児童全員のために体系的な評価基準を設定し，助手や教員に running record（RR のための観察記録）のつけ方と Guided Reading の教え方の訓練を行った。この小学校では現在すべての教員が，観察記録と the PM Bench Mark Kit（RR のための教材で，Nelson Thornes 社製）を使ってテキストと児童の読みのレベルが合致しているかどうか確認しながら教えている。学校全体でこの取り組みをしているという意識を高めることができるので，教員と助手は，教員教育 (professional development) が重要であると認識している。現在では，助手は通常のクラスでも RR 訓練においても効果的な支援を提供することができるようになっている。Sybil Stewart は，教員教育と RR 訓練による児童の訓練効果の両方の管理と評価を担当しており，この小学校の児童のリテラシーレベルは向上している。

　下記のパイチャートは，2011 年 9 月から 2012 年 4 月までの 2 年生児童の読みにおける進捗状況を表している（Alston Primary School のデータは，IOE の Every Child a Reader (ECaR) 2011–2012 年報告 (pp.14-15) を参照）。2011 年には 80% の児童が当該学年の読みレベルを下回っているのに対し，2012 年にはその割合が 23% へ減少した。一方，2012 年には，当該学年レベルかそれ以上の読みの能力のある児童の割合が，前年の 20% から 77% へと増加したことが分かる。（下記のパイチャートの赤の部分は，読みのレベルが当該学年相当かそれ以上の児童の数の割合を示す。青色の部分は，読みのレベルが当該学年より下の児童の数の割合を示す。）

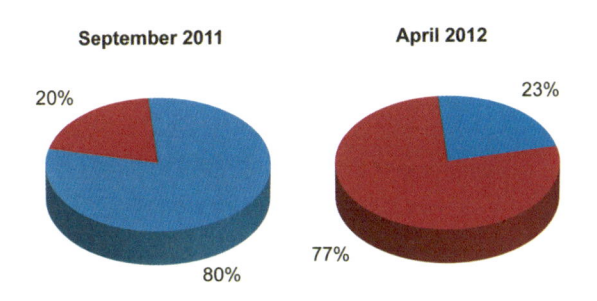

September 2011
20%
80%

April 2012
23%
77%

バッキンガムシャー (Buckinghamshire) にある小学校 (Foxes Piece School) でも RR が児童のリテラシー回復に効果を上げている。この小学校は比較的小規模の学校で，児童の 35% が特別教育を必要としている。多くは白人のイギリス人であるが，約 25% の児童が少数民族出身である。学校給食費免除の資格がある児童の割合としては全国平均と言えるが，近年その制度が導入されたため，その資格を申請する両親が多い。この学校でも読みの能力回復は重要な課題となっており，その解決策として RR を始めている。教員すべてが読みの訓練に携わり支援をしていくことを目標としている。RR 教員が，学習支援をする助手だけでなく，児童の保護者，知事，ボランティアの人々全てに教員訓練を施し，学校だけでなく地域の住民を巻き込みながら，読みの訓練を行っている。読む能力に価値を置くという学校全体の文化を作り上げることが重要であると考えている。その結果として，2010 年には 76% の児童が読みの能力を回復したが，2011 年には 81% の児童（Key Stage 1 の終りには男子児童は 75% から 82% へ，Key Stage 2 の終りには女子児童が 76% から 84% の伸びを示した）が回復することができた。

このように英国各地で，RR の効果が報告されているが，特に特別支援の必要な児童や経済的に恵まれない家庭の児童への支援として大いに役立っているところに注目したい。

3. オーストラリア事情：Teaching Reading

(1) オーストラリアの読み教育をめぐる見解
　読み書きの能力が不足している児童をいかに支援していくべきか。それは，過去 10 年余りの間，英語圏の国々では深刻な問題となっていた。その指導法を模索するための試みとして米国では，1997 年に議会が国立リーディング調査員団 (National Reading Panel) を立ち上げ，それまでの様々な読み書き教育の効果について調査をすることとなった。英国では，読みのカリキュラムの中での「統合的フォニックス」(synthetic phonics) の重要な役割を強調し，最も優れた読みの実践的指導法についての調査結果を報告した 2006 年のローズ・

レビュー (Former Director and Inspector of the OFSTED である Jim Rose による報告書) がある。

　オーストラリアでも，より深刻な先住民族の児童の場合も含め，多くの児童が最低限の読みの能力を回復させることは喫緊の課題であった。このような状況の下，読み書き教育は児童が将来成功し幸せになること，社会に貢献する市民となる必要があることから，文部科学大臣 (Australian Government Minister for Education, Science and Training) である Brendan Nelson が 2004 年 11 月 30 日に，読みに関する大規模かつ様々な研究者等による研究調査，教員養成，リテラシー教育のための実践方法，特に読み教育のための指導方法についての国家レベルの調査を始めた。2005 年 12 月 8 日に，この調査結果を "Teaching Reading" という題の報告書（The Nelson Review と呼ばれている）にまとめ発表し，オーストラリア政府の読み教育の在り方について方針を明らかにした (Coltheart and Prior, 2007)。

　この報告書では，従来オーストラリアで読み方を教えるために使われてきた Whole Language Approach は読みの苦手な児童の指導には効果がないという調査結果を示し，フォニックス指導を中心とした指導をすることを強調している (Coltheart and Prior, 2007)。特に学校に入学したばかりの 3 年間は，読みが苦手な児童を含むすべての児童は 1) アルファベット文字と音の関係を教える統合的フォニックス，2) 音声によるコミュニケーションでそれぞれの音を聞き分け理解できる力 (phonemic awareness)，3) 語を速く自然な速度で読むことができ，自動的に語を認識できるようになる力，4) 理解し，使えて発音できる語彙量を増やすという意味での語彙知識，5) テキストを理解し，論理的思考を養うという 5 つの項目について「明示的に指導する (explicit instruction)」ことが盛り込まれている (Nelson, 2005)。この「明示的な指導」という言葉は，言葉の音声および一連の言葉を構成している音の理解から始まり，語，句，文の意味理解というような bottom-up 的に行なう明確な読みの訓練の重要性を強調しているのである。また，この報告書では，これから児童に読み書きを教えることになる学生のために大学での教員養成および研修システムと，現職教員の研修も充実させるべきであることを強調している。実際，児童の両親や家族に読み教育の重要性について理解を深めるよう働きかけることも大切であるが，児

童の家庭環境よりも指導の質の方が児童の読みの訓練に影響を与えることが研究結果として報告されている。そのため，学習の初期の段階で信頼できるテストを定期的に行ない，児童の読み能力の進歩を把握すべきであるとしている。

(2) オーストラリアにおける RR 指導

　RR は，南オーストラリア教育省 (the South Australian Department of Education and Children's Services (DECS) の早期リテラシー教育プログラム (Early Years Literacy Program) の一環である。小学校1年生のための一対一で行われる読み書き回復プログラムとして RR プログラムをいかに効果的に使うかを学校側は考えなければならない。2003年から2007年にかけて，128人の DECS の教員が RR 訓練を受けた。RR に関する DECS のデータ (Zrna, 2011) によると，2003年から2007年の5年間に，1,675人の児童が RR に参加したが，そのうち10%（170人）がアボリジニ（オーストラリアの先住民族）の児童で，62%が男子で，38%が女子であった。RR に参加した児童の74%は，通常の授業の児童の読み書きレベルの平均またはそれ以上の能力がつき，クラスの授業についていけるレベルに達したことが報告されている (Zrna, 2011)。さらに国際的に認識されている研究結果によると，これらの児童は，RR での訓練を修了した後もそこで訓練された読み書き能力を通常の授業の中で伸ばしていくものと考えられている。このデータの中で，RR に参加した12%の児童は，引き続き特別な読み書き訓練が必要であると判断され，14%の児童は RR プログラムの一連の訓練を終えることができなかった。

　また，60回以上の RR 訓練を終えることができた児童のうち87.25%は，効果を上げることができたため RR を修了することができたが，12.75%の児童は，読み書き学習をその後も続ける必要があると見なされた (Zrna, 2011)。この RR の効果についての調査から明らかになったことは，RR で読み書き能力を回復できた児童は，通常クラス内でそのクラスの平均またはそれ以上の能力を保ったまま授業を受けることができるようになったということである。一方，RR で訓練を受けても能力が回復できず，さらに読み書き訓練を続ける必要がある児童もいることも分かり，通常の授業での学習が困難な状態が続き，さらに深刻な躓きが引き起こる可能性のある児童を見つけることができた。

(3) オーストラリアにおける RR 実践例——Perth Primary School の例

　オーストラリアのパース (Perth) は，西海岸のラウンストン (Launceston) の南方 17 キロに位置する街である。人口約 1,823 人で，パース小学校では 250 人の生徒が 33 人の幼稚園児と共に学んでいる（2005 年 10 月現在）。小学校は 9 学年からなり，RR は，読み書き教育の必要な児童のための介入プログラム（RR の他にも読み書き能力を上げるための特別なプログラムがある）の中で重要な位置を占めている。この学校では，年 2 回児童の読んでいるテキストのレベルと綴りのテストを行ない，指導が児童の能力を伸ばすのに適しているかどうかを判定している。

　パース小学校では，2002 年末から RR 教材を使って授業を行なうことを話し合い始め，訓練を受けた RR 教員が 2003 年からこの小学校へ来て，RR プログラムを立ち上げた（Case Studies Reading Recovery at Perth Primary School, 2005 参照）。この年の 1 年生児童は 39 人で，そのうち 7 人が RR 履修対象者に選ばれ，そのうちの 4 人が一定の読み書き能力が回復できたと判断され，その後の RR の授業を免除された。残りの 3 人は，2004 年にそのプログラムを終えた。2004 年には，35 人の 1 年生の児童のうち 9 人が RR の授業を受け，そのうち 7 人が一定の成果を上げた後プログラムを修了することができた。1 人が転校し，もう 1 人が最後まで RR プログラムで訓練を受けた。2004 年の終わりまでには，1 年生のレベルに達していない児童はいなくなった。

　次のページのグラフ 1 は，RR を導入する前と後での小学校 1 年生の読むことのできる平均的なテキストレベルの違いを表している。RR を導入した 2003 年から RR に参加した児童の読むことのできるテキストレベルが明らかに上達していることが分かる。

グラフ1

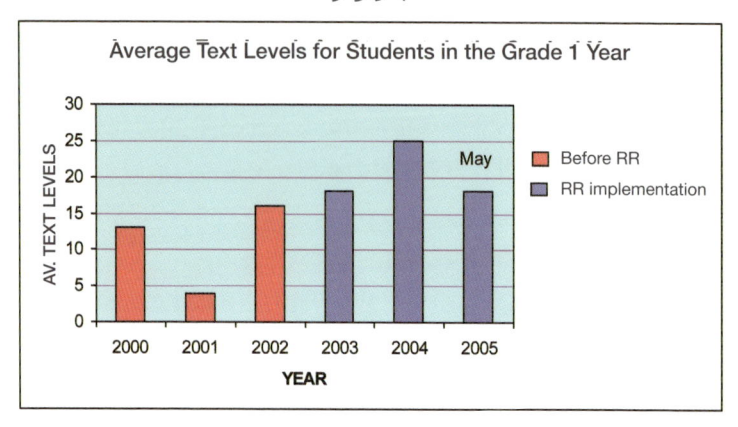

Average Text Levels for Students in the Grade 1 Year

(2000: 13, 2001: 4, 2002: 16 — Before RR; 2003: 18, 2004: 25, 2005: 18 — RR implementation; May)

　下記のグラフ2もまた，2003年と2004年のRRプログラムで訓練を受けた児童がどれくらい読みのレベルが上がっているかを示している。RR教員は他の教員と協働でカリキュラムを計画し，情報を共有する。また小学校の教員も父兄もRRプログラムの効果について高く評価している。特に実際身につく読み書き能力についてだけでなく，RRでの教育は児童に自分の能力に自信を持たせることができると考えられている。

グラフ2

Record of Reading Recovery student gains over 2003 & 2004

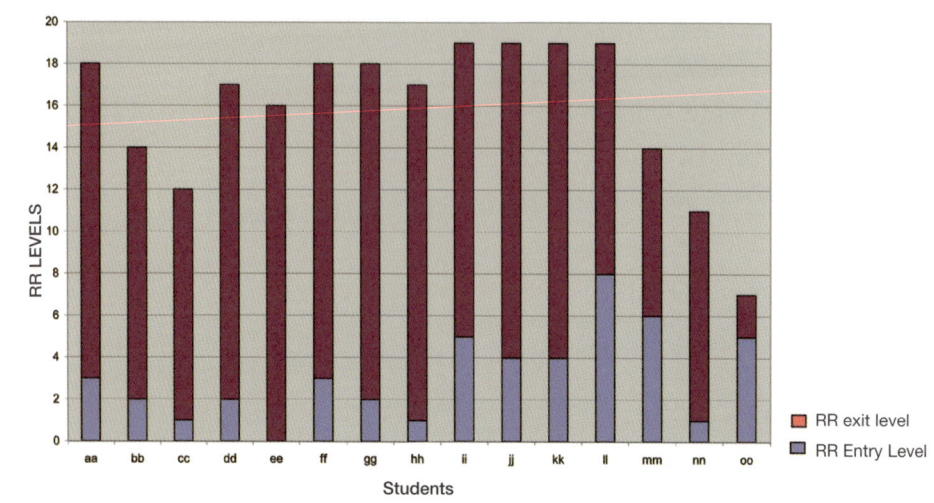

(Students: aa, bb, cc, dd, ee, ff, gg, hh, ii, jj, kk, ll, mm, nn, oo; RR exit level / RR Entry Level)

4. カナダ事情: Reading the Future

(1) 増加傾向にある読み書き能力不十分のカナダ人

　カナダにおける読み書き能力の状況について，2007年の学習に関する審議会からの報告 (State of Learning in Canada Report) によると，16歳から65歳までの労働人口のうち42%の人々が読み書き能力が低いと見なされており，66歳以上の人々を含むと48%の人々が読み書きに困難を感じており，この数字は，過去10年間変化はなかった。実際のところ，カナダでは，いわゆる「読み書きできない人 (illiterate)」は少数であるが，英語やフランス語で日常生活上効果的に読んだり書いたりするのが困難な人々が増えていることが問題となっている（Reading the Future: Planning to meet Canada's future literacy needs, 2008, 以下 Reading the Future と略記）。State of Learning in Canada の報告によると，大人の読み書き能力を改善するためには，その原因を探るべく様々な分野において調査すべきであるとしている。このカナダの低い読み書き能力の現状の背景には，明らかに社会的経済的要因が関係しているわけで，その要因についての理解が喫緊の課題なのである。

　Reading the Future では，このような重要な問題が議論され，将来のカナダ人に対するリテラシー教育計画，読み書き能力に問題のある大人にはどんな特徴があるのか，またどのようなニーズがあるのかについて調査結果を記載している。この Reading the Future (2008年) は，カナダにおける読み書き教育に重要な指針を与え，政策立案者や成人教育に従事している教育者にとって重要な参考資料となるものである。例えば，現状のまま推移すると人口の47%を占める16歳以上の大人で1,500万人以上の人々が2031年までに読み書きレベルが現代社会で要求されるレベル以下のままであると報告されている。それらの人々は，1) ほとんどが現在の自分の技術が仕事に適していると考えており，2) 何人かは高校や大学の卒業を目指したことがある人もいるが，結局は高等学校を卒業することができなかった人が多く，さらに3) 多くの人々が職業についているが，コンピュータに対して否定的な態度を持っている人が多くいることも明らかになっている。

　1994年の国際成人リテラシー調査 (International Adult Literacy Survey) と

2003年の国際成人リテラシーおよびスキルに関する調査 (International Adult Literacy and Skills Survey) にはそれほどの変化は見られなかった。しかし，2031年までの間，予測される移民などによる人口増により，カナダの読み書きに困難を覚える人々の数は増えると懸念されている。このような状況は，カナダの経済的発展および社会としての成長という点で，改善されなければならない。不十分な読み書き能力は，雇用，給料の上昇率，所得などにおける違いを引き起こす。これは，長期的な国民総生産にも大きく影響を及ぼすことになる。

このような事情から，カナダでは国家的政策として国民の読み書き能力向上に力を入れており，教育の現場でも多くの学習者が社会で活躍できるレベルの読み書き能力を習得することが急務となっている。

(2) カナダにおける RR
    —Canadian Institute of Reading Recovery®

カナダで RR® を行なっている機関として非営利組織である Canadian Institute of Reading Recovery® (CIRR®) がある。この組織は，Marie Clay が開発した RR の当初の目的通り，Observation Survey of Early Literacy Achievement (Clay, 2005) のスコアに基づき学年相当の読み書きが困難な小学校1年生の児童が RR® の指導を受け，その学年の終わりまでには，学年相当のレベルの読み書き能力を持つことができるように指導することを目指している (Canadian Institute of Reading Recovery®, 2006)。CIRR® は，カナダでの RR® という名称の使い方を管理する組織であり，RR® を統合する役割も担っている。また RR® の基準となる指導法の質を保つために RR® 教員リーダーの訓練とサポートを行ない，RR® 教員リーダーの指導訓練コースの管理をしている。CIRR® は，その創設者である Marie Clay によって使用権を認められた印として ® マークが与えられたという事情から，カナダでは，RR® は CIRR® の書面による許可なしには使うことができないとされている。

RR® 教員は，RR® 教員リーダーの指導による1年の研修を修了し，その訓練の間1日最低でも4人の RR® 児童の指導に当たらなければならない。研修の次の年から RR® 教員は，RR® 教員リーダーによる教員研修 (on-going professional development sessions) を受けるのだが，最低1日に2人の児童の

指導に当たることになっている。さらにRR®教員，RR®教員リーダー，RR®トレーナーは，毎日，児童につき30分の個人授業をする。RR®指導は，1学年の読み書き能力の最下層にいる6歳児の児童を指導するものである。

　カナダのRR®はすべて定められた基準とガイドライン (Standards and Guidelines) に記載されている必要条件に合った指導を行なっていることが条件となり，1年ごとにその使用権の許可が下りることになっている。基準は，カナダで行われているすべてのRR®の質を確かなものにするために必要となっている。また，ガイドラインは，カナダを始めとしてアメリカ合衆国，ニュージーランド，英国などRRが行われている国々でRR®教員，RR®教員リーダー，RR®トレーナーおよび実際のRR®がうまく実行されるよう支援をする連絡管理者 (Liaison Administrators) の協力の下に置かれており，効果的なRR®サイトの設定と維持に関係している人々への情報源となっている。

　カナダのRR®のネットワークは主にCIRR®理事会を最上層部として，その下が3つの段階に分かれている。CIRR®理事会（最上位）のすぐ下には，西部CIRR®，中央CIRR®，東部CIRR®（1番レベル）が置かれている。その下には教員訓練センターがあり，そこではそれぞれの地域の学校（2番レベル）でのRR®を実行する先生の訓練を行なうRR®教員リーダーを雇い支援している組織である。RR®教員リーダーは，RR®において重要な役割を果たしていると言える。RR®教員リーダーは，3番レベルのそれぞれの地域の学校でRR®教員になりたい人の訓練を担当し，既にRR®教員になった教員へ助言を与えるなどして支援することにもなっている。

　RR®教員は，現場で児童を指導する立場であるが，そのRR®教員を教育し支援を与えるRR®教員リーダーの訓練を担当するのが，RR®トレーナーである。彼らの役割は重要で，とりわけ読み書き教育についての新しい見解，RR®を実行する際に出てきている問題などについての助言および指導を行なう立場である。現場に直結しているRR®教員を指導するRR®教員リーダーの専門性を高めなければならない責務があるという点においてRR®トレーナーの役割は大きい。

　前述にあるように通常の1年生のクラスで最も読み書き能力が遅れている場合，その児童の属している民族，母語の運用レベル，知性，身体的問題（聴覚，

視覚，歩行等に障害がある）および精神的問題，出席率の低さなどの問題にかかわらず，RR®プログラムへの参加が許可される。プログラムに参加することにより，児童は，通常の授業で支援されながら，この個別指導による読み書き訓練を続けることができる。また，RR®プログラムよりもさらに訓練が必要な児童を見つけることができ，20週行なわれた個人訓練の後，長期間にわたるさらなる読み書き訓練を受けることができる。

(3) カナダにおけるRR®プログラムの効果

　2008年から2009年にかけてカナダ政府によるRR®訓練効果についての報告がある (Reading Recovery Council of North America, 2001–2011)。英語のためのRR®はカナダの7つの州 (Alberta, British Columbia, Manitoba, New Brunswick, Nova Scotia, Ontario, Prince Edward Island) と1つの準州 (the Yukon Territory) で行われている。フランス語のためのRR®は，4つの州 (New Brunswick, Nova Scotia, Ontario, Prince Edward Island) で行われるなど，多くの州および準州でRR®訓練が行われている。2008–2009年のこの報告書によると，40のRR®訓練センターの78人のRR®教員リーダーがそれぞれの担当する学校や地区でのプログラムで訓練を行ない，支援を提供している。また，1,770人のRR®教員が1,598の学校で児童の指導に当たっており，13,622人の児童がカナダでRR®の訓練を受けている。1995年から1996年にかけてカナダで初めてRR®プログラムに関する調査をしたときは，3,152人の児童がRR®の訓練を受けていたので，2008年から2009年の時点でどれほど多くの児童がこのプログラムで訓練を受けているか，RR®教育の普及の程度がわかる。

　RR®プログラムにおける児童の進歩に関して下記のような報告がなされている。2008年から2009年にかけてカナダで13,622人のRR®訓練を受けた児童のうち，11,529人の児童がその学年の終りまでにRR®プログラムを修了することができたか，または転校等による未修了である。11,529人中64.8%にあたる7,474人の児童がその年の終わりまでにRR®訓練を修了することができた (successfully discontinued) ことはこのプログラムの成果である。また，RR®プログラムで訓練の結果，27.3%にあたる3,150人の児童がより効果的な他の読み書き訓練が必要である (referred) ことがわかった。これらの児童は，RR®プ

ログラムで訓練を受けているすべての1年生の中では少人数に過ぎないが，より適切に読み書き能力を改善できるよう指導することができたわけである。さらに，7.9%の児童（合計で905人）は，RR$^®$プログラムでの訓練を終える前に引っ越すなどの事情によりその学校を止めてしまい，読み書き訓練はうまくいっていたが，何らかの理由で続けることができなかったということである。これらのデータには英語とフランス語のRR$^®$プログラムの成果が含まれているのだが，効果的な訓練であることは明らかである。

　ここでPrince EdwardIslandでのRR$^®$プログラムの成果について2011–2012年の報告書を見てみる。2011から2012年の1年間にRR$^®$を20週間の訓練を受けた児童228人のうち，71.5%の児童が一定の成果を上げたためプログラムを修了することができ，28.5%の児童がさらに長期間の支援を必要としていることが分かった。この1年間の記録では，RR$^®$を受けた児童のうち3分の2が男子で，そのうち20週間の訓練効果を上げてRR$^®$を修了することができた男子は70.1%で，女子は74.1%であった。RR$^®$用のテキストは，その難易度によってレベル1から23に分かれており，このRR$^®$用の本のレベルは，児童の能力を測定するだけでなく，指導上役立つ情報も提供してくれるものだと考えられている。1年生はRR$^®$修了時に読みのレベル16のテキストを読むことができるように期待されている。2年生の児童の場合は，読みのレベル18または18以上のテキストを読むことができ，2年生の最初の学期でRR$^®$の訓練を修了することがよいとされている。2011から2012年にかけて，その州の教員が新しい指導上の読みレベルの基準値に沿って，平均的な1年生は，1年生の終りまでにレベル1（レベル15–16）のテキストを読めるようになることとした。報告書では，RR$^®$を受けている171人の1年生児童のうち，127人（74.3%）がその年の終りまでに1年生レベルに到達することができたことは，このRR$^®$プログラムの効果を証明していると言える。

5. アイルランド事情

　アイルランドが現在でも Reading Recovery Europe（正式には European Centre for Reading Recovery）の中に入っていることには変わりないが，近年，Annual Report for Ireland が発行されるようになったので，それを基にその概略を紹介する。

　次の表はイングランドと比較できるようにアイルランドやウエールズの RR 履修生および教員の数をまとめたものである。イングランドが約 8 割を占めており，ウエールズは連合王国 (United Kingdom) に入るので年報では一緒に論じられることが多い。アイルランドは約 2 割を占めている。

(1) 英国，ウエールズ，アイルランドの RR 教員構成

Region	Children Served Numbers (%)	All Teachers	Teachers in Training	(%)
England	11,911 (79.7%)	1,384	103	7.4
Republic of Ireland	3,017 (20.1%)	463	112	24.2
Wales	8 (0.05%)	1	1	100
Entire Implementation	14,936	1,848	216	11.7

注：この表には RR 教員リーダーは含まれていない。
出典： European Centre for Reading Recovery: Annual Data Collection, 2011–12. Retrieved 3 January, 2013, from http://readingrecovery.ioe.ac.uk
　　　Reading Recovery Europe, Institute of Education London. Retrieved 16 March, 2013, from http://readingrecovery.ioe.ac.uk/centres/382.html

　アイルランドで Reading Recovery Centre が設置されているのは次の 7 地区である：Cork, Dublin MIE, Dublin West, Galway, Kilkenny, Limerick, Monaghan。
　RR 関係の職員は RR 教員，地区の RR 教員を指導するとともに自らも RR 履修生を教える RR 教員リーダー，さらに RR 履修生の指導の他に RR 教員リーダーの研修並びに全国レベルでの認可，質の担保，モニター，報告書作成を担当する全国レベルでの national leaders で構成されている。National leaders は

教員養成機関に所属している。

(2) RR カリキュラム

RR カリキュラムは，英語科カリキュラムと同様，次の5つの原理に基づいている。

a. Listening, speaking, reading および writing は言語学習過程に統合されている（下の項目 c 参照）
b. カリキュラムは言語学習だけでなく言語を通しての学習を念頭に置いている。
c. 音声言語能力の発達は reading および writing と同じように重要で，これらは言語学習過程に統合されている。
d. Reading の指導は言語および社会に関する児童の様々な経験に基づく豊かで多様なカリキュラムになっており，広い語彙認識ストラテジーの使用を含むものである。
e. Writing のプロセスは書いたもの (product) と同じように重要であり，言語習得過程の一部と見なされている。

RR では，教室での指導に反応を示さなかった（その理由はいろいろあるが,）個々の児童の複雑な困難点に対応する指導を行う。指導期間は平均 12-20 週にわたって毎日 30 分，RR 教員と一対一での指導を受ける。教材は現在の児童のリーディング能力に合ったものを指導教員が選んでくれる。

2010–11 年度のレポートによると，RR 履修生の進捗状況は，4 歳 10 ケ月の Reading 年齢 (Book level one) から 6 歳 10 ケ月の Reading 年齢 (Book level 17) に伸びており，4–5 ケ月で平均 24 ケ月相当の伸長を示した。これは通常の割合の 5 倍である。2011–12 年度になると，進捗状況はさらに良くなっている。

Academic Year	L0	L1	L2	L3	L4	L5
2010–11	34	34	13	7	5	8
2011–12	28	31	16	8	5	11

*L = Level 両年度の数値は％

参考までに，アイルランドの小学校の年齢構成は次のようになっている。日本と異なり，同じ学年に属する児童の年齢には幅がある：

年少幼児 <Junior Infants> (age 4–6)
年長幼児 <Senior Infants> (age 5–7)
一学年 <First Class> (age 6–8)
二学年 <Second Class> (age 7–9)
三学年 <Third Class> (age 8–10)
四学年 <Fourth Class> (age 9–11)
五学年 <Fifth Class> (age 10–12)
六学年 <Sixth Class> (age 11–13)

(3) RR 達成率

2010–2011 年度において，2,946 名の児童が RR を履修し，それに特殊教育ニーズの児童 2 名を加えると，総計 1,948 名が RR 教育の恩恵を受けている。そして，RR 教員によって指導された女子の 95％，男子の 92.5％ が同学年の平均レベルまで回復している。貧困層の児童が 93％，通常の児童は 95％ の修了率であるから，貧富の差はほとんどなくなっている。

2011–2012 年度においては，RR 履修生は 3,017 名に増え，男女共に 94％ の修了率となっている。貧富の差は，貧困層の児童が 93％，通常の児童は 96％ の修了率で，前年とほぼ同じ傾向である。

2010 年度の統計によると，6 人中 1 人の子ども（アイルランド全体で約 204,000 名余）が貧困家庭の子である（中央統計局：SILC 2009）。この割合は，失業率の増加や収入および社会福祉予算の減少が予想されるので，2011 年に

大幅に減少することは考えられない。そうすると，RR 教育を実施している 339 校中，331 校が恵まれない階層に入ることになり，RR は貧困層の児童のニーズに効果的に対応していることになる。この階層の児童の中，男児が 54% で，その 67% が白人アイルランド人である。その児童たちの 90.5% は英語が第一言語である。また，52% の児童は Senior Infants (age 5–7) の時に RR の授業を受け，45% の児童は First Class (age 6–8) の時，2% の児童は Second Class (age 7–9) の時に履修している。First Class 以降の児童の 43% は RR を前年度に履修したが，修了は秋学期の前半に持ち越されたものである。

　2010–11 年度の報告書によると，RR プログラムを履修した女児の 95%，男児の 92.5% が同学年の平均レベルまで回復している。RR を履修した経済的に恵まれない児童とそれ以外の児童との達成率は，それぞれ 93%，95% で差は縮まっている。英語が母語でない児童や少数民族の児童は，RR 履修後，それぞれ 97%，93% が回復している。また，亡命家族の児童および保護施設児童の場合は 100%，それ以外の弱い立場にいる児童の場合は 81% が回復している。さらに 987 名の特殊教育履修児童が RR を修了し，88 名が早期の評価を受けるべく推薦されている。18 週強の RR の授業を受けた児童の 20 人中 19 人が級友に追いつき，その後，年齢相応の読み書き能力で勉強していることは素晴らしい達成度である。

　RR 指導の対象になっている 5, 6, 7 歳児は，RR を履修する前は文字，音声，単語をいくらか知っているが，その知識を reading や writing に応用することは，ほとんどできない。RR 児童は，指導を受け始めた頃，4 人中 3 人が RR 読本のレベルが 2 あるいはそれ以下である（51 ページ参照）。

(4) 英語圏の国々のリテラシー教育政策からの示唆

　RR プログラムを行っている英語圏の国々（米国，英国，豪州，カナダ，アイルランド）のリテラシー教育の位置づけと RR の効果について概観した。RR プログラムは明らかに，それぞれの国のリテラシー教育政策に寄与している割合が大きく，その効果は持続している。また，主要言語として学んでいる児童だけでなく，英語を外国語またはもう一つの言語として学んでいる児童の読み書き能力の向上に役立っている。さらに，カナダにおけるフランス語版 RR や

アメリカにおけるスペイン語版 RR も効果を発揮している。また，RR の指導方法やオーストラリアの Nelson Review からもわかるように，アルファベット文字と音の関係を教える統合的フォニックス (synthetic phonics) の重要性が強調されているところは注目すべきであろう。つまり，読み書きに躓いている児童を最長 20 週間で回復させるためには，文字と音の関係を系統立てて明示的に教えることは，それらの能力回復への近道であるということである。Rudolf Flesch の "Why Jonny Can't Read" がきっかけとなり 1955 年に始まった「大論争 (Whole Word Method v.s. Phonics)」以来，リテラシー教育関係者の間で，フォニックスが読みの能力を養うために必要であるか否かが議論の的であったが，それぞれの国のリテラシー教育政策を概観してみると，RR の指導過程の中でフォニックスも活用している場合が少なくない。

Part II

Reading Recovery Program:
その考え方と指導方法

第5章

Observation から始まる
Marie Clay の読む教育

1. 訓練の開始

　RR訓練を必要とすると言われた場合，その当該児童の保護者の許可が必要となる。RRでの特別訓練を受けなければならないと言われたときの児童や児童の保護者は，最初はどんな気持ちになるのだろうか。日本人の感覚だと劣等感を感じるなど，どちらかというと否定的な感情を持つ場合が多いかもしれない。しかし，ほとんどの場合，保護者はRR訓練に対して肯定的な気持ちを持っており，訓練を受けることに同意する。また，RRは通常の時間割の中に組み込まれているため，他の児童より多くの時間を勉強に費やすわけではない。クラスの児童が通常の勉強をしている時に約30分間，他の部屋でRRの訓練を受けるというものである。

　RR教員は，児童の読み書き訓練をする際に，warming-up 期間（10日くらい）を設け，児童との信頼関係を構築することから始めることが多い。次のページの作品は，そうした warming-up 期間に児童が書いた作品である。第3章の4で述べたように，RRプログラムでは基本的な指導の流れがある。しかし，その日の児童の読み書きの出来具合から判断して，RR教員が次回の授業の instructional text（2の「教材選択基準」を参照）のレベルを調節し，無理のない言葉の訓練をするよう導いている。

　Warming-up 期間が過ぎると，いよいよRR指導の始まりである。通常，一回のRRの授業では，3冊のテキストを読む。最初に自宅でよく読んできたテキストを2冊読む。RR教員は，発音や分かっていないと思われる言葉の意味

Observation から始まる Marie Clay の読む教育 | 57

の理解を確認する。児童が既に知っていると考えられる言葉の意味と関連させる（例：house は home と同じような意味）。また，形の類似性（例：walk と walked）に注目させて意味を推測させる，さらに，音素と綴りの関係にも注目させる。例えば，how の発音を教える際に，how の下線部は [au] と発音するが，know の下線部の場合は，how の下線部の綴りと同じでも /ou/ と発音するなど，児童の既習知識と関連づけて新しい語の音を認識させる。RR 教員は，prompts（児童が読んでいる最中に与える読解のヒントや学習を深めるために関連した語を与えるなどの読みを助ける指導）を与える。白いボードの上でマグネットのアルファベットを並べて，音素と綴りの関係，語の概念，アルファベットの大文字と小文字の理解，語の発音の理解を助ける活動もある。下記の写真は，実際の白いボードである。文字の色が異なっていても形をしっかり理解していれば，「大文字の B を全部並べなさい」「小文字の d はどれですか」などの質問があっても，その形をすぐに見つけることができる（a の写真）。また，"take" も "fake" も "ake" の部分を同じ色のパターンにし，"t" と "f" に異なる色を使うことにより，音素の違いが意味の違いを引き起こすことを児童

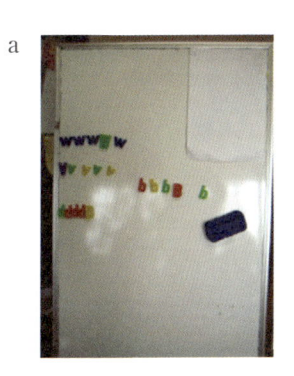

に教えることができる（bの写真）。

　RRプログラムの主な目標は、児童が自分で考えて読むことができる (independent readers/thinkers) ようになるよう指導することである。RR教員がよく使うpromptsに「話すように読みなさい (Read like talking.)」という指示がある。よく読めると「話しているみたいに聞こえて、いいですよ (Good. It sounds like talking!)」という褒め言葉が聞こえてくる。Clayがemergent literacyの考え方でも述べているように、今まで日常で使っていた話し言葉を文字言語と一致させていかなければならないため、このような指示がしばしば与えられる。

　Instructional textは、前日の指導の最後に今まで読んだことのないテキスト (a challenge text) として読んだものである (Clay, 2005b)。児童は家でこのテキストを読んでくることが期待される。RR訓練中に、このinstructional textを読んでいるときは観察記録が取られ、その前の2冊の時ほど読むプロセスに介入しない。RR教員は、児童がどれだけ自分の読みを客観的にとらえているか (self-monitoring)、読解方略を使って問題解決をしているか (problem-solving)、間違いに自分で気づいて修正しているか (self-correction) に注目する。

　また児童は、他にも何冊かテキストを持ち帰り自宅で読んでくる。自宅では、保護者はどうやって読むかなどの指導をするべきではないが、児童がテキストを読んだり、文字を書いたりするように促すことになっている。児童に読み書きを「教える」のではなく読み書き訓練に「協力する」ことが保護者の役割なのである。

2. 教材選択基準

　Reading Recovery（以下RRと略記）の指導開始後、児童が2冊読んだ後に、instructional textを使って観察記録を取る。Instructional textとは、観察記録を取る対象となるテキストのことである。RRプログラムでは、テキスト理解はそのテキストの難易度に大きく影響を受けるという考え方から、読みの力をつけさせるために適したテキストは、難しすぎず、また易しすぎずといった

「適度なレベル」でなければならない。RR で決めているテキストの難易度基準は，an easy text（95% から 100% 正しく読めるレベル），an instructional text（90% から 94% 正しく読めるレベル），a hard text（80% から 89% 正しく読めるレベル）である (Clay, 2005a)。An easy text とは，児童が教員の助けがなくても一人で読むことのできるレベルという意味である。また反対に，a hard text は，frustration leveled text とも言われ，instructional text としては適していないもので，もしこのレベルのテキストを選んだ場合はレベルの低いテキストに換えなければならない。児童が読んだテキストの中に出てくる語の数の中に，児童が間違って読んだ語の数がいくつあるかを割合にして 100 を掛け，その数を全体を 100 とした数から引くことによってこの数字が出てくる (Gunther, retrieved in 2012)。例えば，119 語含むテキストを読んだとき 9 語間違えたとすると，(9÷119×100) の数を，全体を 100 とした数から引くと，92.4% となり，90%〜94% の範囲内で，そのテキストはその児童にとっては適しているレベルであると判断するわけである。Instructional text を選ぶ際の判断の基準は，この間違いの割合が主な指標であるが，間違いのタイプ，それまでの読みの様子や理解度確認のための質問に対する答え方なども判断基準となっている。

　出版社は，しばしばテキストのレベルを色で分類している。RR 教員は，これらの出版社の使っている基準を目安に，そのレベルと児童の興味に応じてテキストを選ぶ。テキストの内容は様々であるが，最初に紹介するテキストは児童の日常生活によくある光景や出来事を著したものが多いようである。また，移民の児童の場合（例えばマオリ族の家庭の児童），その児童の文化的背景が反映された内容のテキストを選ぶこともある。文字，綴りおよび意味の理解が不十分でテキスト理解にまだ慣れていない小学校 1 年生 (emergent readers) の場合，挿絵の量が多く，文字の間隔が大きいテキストを選ぶことが肝要である。児童は，挿絵を手がかりとして内容理解をしていく方略を使うことができるからである。

3. Observation による児童の読解レベルの判定

　前章でも述べたように，RR の指導では，児童の読んでいる様子を詳細に観察して記録し (running record)，その結果に基づいて読みの能力レベルを判定し，後の指導に役立てて行く。本来ならば，ある一定の指導の成果を測定するために，指導の締めくくりとしてテストを実施するのだが，RR では，児童の学習習慣を改善するために指導過程で能力を測定する点が特徴の1つである。

　観察記録では，テキストの中の単語ごとに，① 意味 (meaning)，② 文法構造 (structure)，③ 文字の形 (visual) の把握の理解度に注目する (Clay, 2005a)。児童が読みの最中に躓いた時，① 意味が分からなくて躓いたのか，②その単語の文の中での文法的役割（名詞，動詞など）が分からなかったため躓いたのか，さらには ③ 品詞の理解や文脈における単語の意味は分かっているようだが，ある単語のスペルを他の単語に置き換えて読んでいるなどが，判断基準となっている。観察記録の項目としてこの ③ の V が含まれている点から，この訓練で，音素と文字の関係を重要視していることが分かる。それぞれの要素において基準を満たしていると思われる場合は，読まれている単語ごとに ✓ をつけ，3点のどれかで躓いている場合，躓いても自分で直している場合などはその都度記録をつける。観察記録シートの右端には，それぞれ記号として ① M，② S，③ V を使い，児童が読んでいる最中に理解度を判断して読み終わると同時にその記録を終えるというものである。次のページには，観察記録の例を示してある (Clay, 2005a, p. 68)。テキストに書かれているそれぞれの言葉を正確に読めた場合は ✓ をつける。例1では，Because I'm years older を正しく読めた場合，これらは4語と数え，✓ マークは4つである。R は「繰り返す」の意味である。Because 以下4語を繰り返したわけである。その後，Hannah smirked と2語正しく読むことができたため，✓ が2つ書かれている。例2では，この児童は最初 She と読んでしまい，その後自分で修正して See と正しく読めた。例3では，E(error) でどの要素が間違っているかを判断し，該当する間違いを M，S，V に ○ をすることにより示す。See を She と読んでしまったのは音が同じだと思ったからか，意味，品詞，形も違うとし，M，S，V に ○ をする。後に自分で She が See に直したので形 V が修正 (SC=Self-Correction) されたとして V に ○ をつけてある。

例1：児童が読んでいる最中に，ある語を繰り返して読んだ場合

Text   Running Record

"Because I'm years older, "Hannah smirked."   ✓✓✓✓R✓✓

                                                  Running Record

例2：児童が読んでいる最中に，訂正した場合

Text

"See you in the morning, "he said to ~."   She　SC │ ✓✓✓✓✓✓
                                                  See   │

例3：間違えとそれを修正した記録

Information used

E	SC
M S V	M S V
○○○	○

　テキストの中の語の数 (running words) のうちどれだけ間違えたか (errors) を計算し，その割合に100を掛け，全体 (100) から引くとどのくらい正確に読めているか (accuracy rate) が出る。さらに児童が自分で修正した語の数を間違った語の数と児童が自分で修正した語の数の合計で割ると，自己修正の割合 (Self-Correction Ratio) がでる。これらを読みの上達の判断基準として使うのである。

　読みの活動の最後に新しいテキストを読む。このテキストは，実際の授業で読んだことのないものを選ぶ。RR教員は，テキストの題名，表紙について児童と話合いながら読んでいく。児童のレベルによって，教員が丁寧に説明を加えながら児童の読みを助けることもある。これは running record を取らない。児童の語の知識を確かめるような質問をしたり，読みを助ける prompts を与えたりすることもあるが，このテキストで教えるというよりは，児童がその後自分で読む前の始めの一歩として読む機会である。これをしばしば challenge book と呼んでいる。

第 *6* 章

Observation から始まる
Marie Clay の書く教育

1. Reading と Writing の相補性

　Reading Recovery（以下，RRと略記）が導入される前は，読み書き教育では「綴りを覚えて書き方を学ぶ前に先ず読めなければならない」というのが一般的な考え方であった。しかし，小学校入学前の児童に関する研究の結果，その考えは幻想であることがわかった。3，4歳児の子どもでも，bedtime story readingなどで何度も読んでもらう好きな物語がある。その中で複数回出てくる単語がどんなふうに「読まれる」のかに気づき始めているし，自分たちの生活環境では交通標識，食べ物の包装紙にある印字に気づいて，紙に落書きのように文字を書こうとするようになる。Chomsky (1969) や Goodman (2005) を始め，子供たちが何に気づいているかについて多くの興味ある報告がなされている。
　しかし，日本における英語教育では，中学校でのwriting指導は各課の指導でも後回しにされるか，時間切れで省略されてしまうことすらある。また，小学校の外国語活動では，「外国語でのコミュニケーションを体験させる際には，音声面を中心とし，アルファベットなどの文字や単語の取扱いについては，児童の学習負担に配慮しつつ，音声によるコミュニケーションを補助するものとして用いること。」（文部科学省，2008）となっている。音声面を中心とするのは理解できるが，文字や単語を含む読み書きの指導が音声面の指導に与える効用について，もっと柔軟に実践研究で確かめてみる必要がある。RRは，そのための思考の転換として役立てることができる。
　ニュージーランドの例では，5歳児が小学校に入学した最初の6ケ月は，ラ

イティング (writing) の行動には顕著な違いは生じない。しかし，次の6ケ月に入ってからのリテラシーにおいてライティングの学習速度が急に増すという報告がある (Robinson-Pant, 2010)。ニュージーランドで2000年に実施された標準テストにおいても，この傾向ははっきりしている。男女とも正しく書ける単語の数が急に増えるのである。これがRRの指導環境で起こるのであるが，単語の綴りを学習するのが主たる授業内容になっていない段階で増すことにもっと注意を払って，その原因をもっと検討すべきであろう。児童の頭脳は柔軟であり，教師が直接指導の対象としていること以外にも付随的に学んでいることがある。Clayが指導中のobservationを重視する理由もそこにある。児童のwriting行動を観察すると，文字に関する児童の知識，読むのに必要な左から右へという語順についての理解の程度がよく分かるのである。

　リテラシー教育の最初の段階ではreadingとwritingが相補関係を保ちつつリテラシーを高めていくと思われるが，どのような相補関係にあるかは未だ明らかになっていない。Clayはその関係を車の運転にたとえ，運転する人は前方の窓や後方の視野，さらに両側の鏡を見ながら安全性を総合的に確認しながら運転する。児童が読み書きをするとき活字をどのように見ていくか。Readingだけ，あるいはwritingだけの場合に比べて，読み書きの相補性によって印刷された言語の複雑さを児童はより良く理解できるのではないかと述べている。

2. Writing 指導の視点

　RRにおけるwritingが実際にどのように行われているかを述べる前に，writing指導の視点について述べる。

・言語レベル
児童がwritingで使用する言語のまとまりは下記のどの段階か。
　① アルファベット（文字だけ）
　② 単語（語と見なすことができるもの）
　③ 語群（2語からなる句）

④ 文（単文）
　⑤ 句読点つき物語（2文以上からなる）
　⑥ 段落からなる物語（2テーマ）

・メッセージの出来具合
児童作文の描写力段階は下記のどの段階か。
　① 符号を認識できる（文字や句読点の使用，文字の創造〈子どもの初期の文字には，正しくはないが子どもなりに'創った'ものがある〉）
　② メッセージが伝えられたという感覚を持っている
　③ メッセージがコピーされただけ
　④ 文型の繰り返し使用（例 "Here is a …"）
　⑤ 自分の考えを書こうとする
　⑥ 作文を書ける

・方向性の原理
児童の作文は下記のどの段階か。
　① 方向知識なし
　② 方向パターンあり（左から右へ，そして改行して左端に戻る）
　③ 逆方向パターン（右から左へ，そして改行して右端に戻る）
　④ 方向パターンは正しい
　⑤ 方向パターンは正しく語間にスペースあり
　⑥ 語順や語間スペースに問題のない長文

　リテラシー初期の段階では，語彙力の総体が小さいので，特定分野の語彙テストをやっても意味ある傾向性は見られない。むしろ，「自分の知っている単語をできるだけ多く書いてごらん」と励まして書いてもらった結果は信頼度があり，リーディングの個々の語彙と高い関連性がある。
　この段階では語彙力の個人差が大きく，何も書けない，あるいは名前の最初の文字しか書けない児童もおれば，10分間で40–45語以上書ける児童もおり，この結果は他のリテラシーの成績とかなりの相関がある。また，授業内容の影

響を受けやすいことも分かっており，学習初期から writing を教えているか，語彙学習を強調しているクラスの児童は語彙力が高い (Clay, 2005a)。これは当然の結果であり，音声面に加えて文字面を指導に加えることの相補性を示している。しかし，1年目に reading と writing 間に高い相関が出たからと言って，単語の書き方さえ教えれば2年目の reading がうまくいくと思ってはいけない。

3. 言語習得としての Writing

　Writing は一般に4技能の一つとして扱われるために，スキルとしての一面からとらえられることが多く，言語習得の面から話題にされることは稀である。文字のない言語の方が圧倒的に多いということもその要因として考えられる。Clay (2005a) の writing 指導は言語習得の一環としての奥行を持っている。
　子どもが言葉を習得する過程には，音の塊 (word) とそれに対応するイメージ（例：犬，母，花など）との結びつきがある。音の塊は，最初から完全なものではなく，例えば塊を構成する音が5つあれば，不正確な音が一つくらい混じっている段階がある。例えば going の最後の音が落ちていることがあるかもしれない。
　Clay (2005a) の writing 指導の視点にあるように，小はアルファベットから大は段落構成の物語に至る指導過程の中で語句を書かせる段階がある。その評価の一環として語彙テストがある。Clay は796名のデータから4つの年齢グループ毎にステイナイン (stanine) 表を作成した。これは得点を正規分布に直して9段階に区切り，最高区分を9点，最低区分を1点とした場合の一区分採点で，1942年米空軍の適性技能テストに用いられたのが始まりと言われている。
　このテストで成績が低い子どもの場合，本人の努力にもかかわらず，活字の視覚的な違いにほとんど注意していないことが授業観察の結果から分かっている。その段階で（落ちこぼれないように）正しい writing 行動を身につけることに集中させなければならない。それは簡潔に言えば，目と手の相補関係を強めることである。視覚だけで（つまりテキストを見ただけで）writing ができるようになるのは，この後の段階である (Clay ibid. p.107)。

語彙テストにおける Clay の採点基準の一つに Score one point for each phoneme（音素一つに得点 1 点）というのがある。Stop [stɑ/ɔp] のように 4 文字 = 4 音素からなる単語の場合はそれでよいが，going の場合，Clay 方式では g-o-i-n-g の各文字に各 1 点を与えることになっている。しかし音素で言えば，o = /ou/，ng = /ŋ/ となるので，[o] の場合はよいが，[ng] の場合は疑問が残る。

　敏感な教師は，子どもの音素識別力がまだ不完全であるからこそ，その子の言語能力が今どこまで成長しているかが分かる。個人指導であるから，自分の名前を書けるか，知っている単語を書けるかというレベルから，ホワイトボードとマグネット付きのアルファベット文字を使って，音素のグルーピングや有声音・無声音のグルーピングを子どもに確認させることができる。

　綴りは最終的には正しいものを習得してもらう必要があるが，そこに至るまでには綴りの中間言語と呼ぶべき段階がある。二，三例を挙げれば，School を skool と書いたり，take を tace と書く場合である。上記は子音の例であるが，母音では come を cum，bake を bak と書く場合などである。綴りは確かに間違っているが，聞いた音を正しくとらえているので，RR のような一対一の指導では「音素は正しく識別しているが，正確な綴りを習得するまでにはもう少し指導が必要」と観察記録にコメントを残しておくことができる。しかし，この段階ではいろいろな誤りのケースがありうるので，音素の点から見ても 100% の妥当性が得られないことがある。例えば very と vare の場合，Clay 自身は y を e と書いた場合は点を与えてもよいが，e の代わりに a を書いた場合は点を与えないと述べている。この辺の事情は音素論的な正確さよりも子どもの発達段階を重んじて，子どもにとっての覚えやすさを優先させることになろう。一対一でやっている RR の場合には，児童にそのような配慮をしてやることができる。

　文字順の間違いに関しては 1 点減となっている（例：am → ma; going → gonig）。しかし big → dig; dog → bog と書いた場合は dig も bog も単語として存在するので点を与えることはできない。

　日本の「外国語活動」の教材の改訂版（*Hi, friends!*）には大文字・小文字が one lesson として入ってくるので，活用の仕方を誤らないように留意したい。

4. 日本の Writing 指導への示唆

　英語のカリキュラムでは4技能の枠組みが固定化して，英語という科目で同じ文字言語を学びながら，日本では reading と writing 相互の連携がうまく行っていない場合が多い。確かに writing では書く内容とそれを表現する形式（語句レベル，文レベル，ディスコースレベル）をうまく調和させるまで，書く人はいろいろなレベルで考えなければならない。これは大人にとっても決して楽な作業ではないから，ましてや児童にとっては大変な知的活動に違いない。文字と音声との対応関係から始まり，音素・書記素から語句，文，段落へと上がっていく階段は，途中の段を省略すればゴールに到達できない場合も珍しくない。このことを踏まえて日本の英語教育を考えた場合，児童・生徒にとって本当に親切な指導段階を踏んでいるか，かなり疑問が残るのは残念である。

　日本から英語圏の大学に留学する場合，専攻分野にもよるが，英語力を証明する資料（TOEFL あるいはケンブリッジ英検の成績）の提出を求められるか，その大学の実施する英語の試験を受けることになる。高い英語力を必要とする分野を希望する場合，TOEFL では speaking あるいは writing の試験を求められる。それらの試験の結果，平均して成績が低いのは writing である。それは日本における writing 指導の拙さ・貧しさに起因する。

　日本の中等学校レベルにおける writing の指導は，単文か，せいぜい複文あるいは重文程度の和文を英訳する，いわゆる「和文英訳」が大半を占めていた。そのモデルとして英語のパターンを借りる，俗に'英借文'と呼ばれるものであった。校内試験や校外模擬試験あるいは大学入試の英作文のテストは，ほとんどがこのタイプであった。それは文脈のないコピーの練習であり，児童が自分で行なったことを考える必要がないから真のコミュニケーションにならない (DeFord, Lyons, and Pinnell, 1991)。

　児童にとって，特に入門期の書くという作業は遅々としたプロセスである。児童の内なる世界（感じたり考えたこと）と外の世界（書いていくこと）をバランスよく対応させるには，書く作業に子どもなりの目的意識があって，それをクラス仲間や教師と共有することが必要である (ibid.)。学校行事，知ってい

る物語，歌，詩，ゲーム，学級の話題などを日々の授業で取り上げ，それについて自分の考えや感想を書いていくことが，やがて新しい内容を創作する (create) 力を育てるのである。

　Vygotsky (1978) によれば，リテラシー発達の鍵となる要因は書き言葉の記号と音声の関係を理解することにある。Goswani and Bryant (1990) はさらに論を進めて，その鍵は音声学的特徴を理解することであり，それらが書き言葉の記号とどのような関係にあるのかを理解することだと述べている。その事を実証的に追跡した DeFord (1994) は，RR の優れた教師は上記に関する指導が児童の英語力に即しており，単なる知識として与えるのではなく，最終的には児童が独力で問題解決ができるように持っていくと述べている。

第7章

音声と文字の関係重視

1. 学習指導要領での扱い方：曖昧と矛盾

　日本の小学校では，平成23年度から「外国語活動」が正式に始まった。その最終目標は「コミュニケーション能力の素地を養う」ことにある（『小学校学習指導要領　外国語活動編』p. 7）。「素地」という多様な解釈が可能な文言を用いているが，その素地を養うためには，次の三つの活動を統合的に体験することが必要であると述べている。

(1) 外国語を通じて，言語や文化について体験的に理解を深める。
(2) 外国語を通じて，積極的にコミュニケーションを図ろうとする態度の育成を図る。
(3) 外国語を通じて，外国語の音声や基本的な表現に慣れ親しませる。

　三本目の柱は比較的分かりやすいが，1, 2本目の柱は，表面的な意味はともかく，実際の中身は，人によっていろいろな解釈があるだろう。「言語」も「文化」も広く深い概念であり，週1回の授業を通じて言語や文化の様相を体験させる程度ならともかく，「体験的に理解を深める」ことが可能であろうか。「深まった」と判断する基準は何か，それを知る方法は何か，等々かなり漠然としている。授業担当者がそれを小学生にどの程度理解させたかを確認することは容易ではあるまい。
　そこで，学習指導要領では上記(1)について次のように具体化している (p. 34)。

① 外国語の音声やリズムなどに慣れ親しむとともに，日本語との違いを知り，言葉の面白さや豊かさに気づくこと。
② 日本と外国との生活，習慣，行事などの違いを知り，多様なものの見方や考え方があることに気づくこと。
③ 異なる文化をもつ人々との交流等を体験し，文化等に対する理解を深めること。

　上記学習指導要領の解説書には「文化に関しては，理解を深めることにとどまらず，例えば，地域や学校などを紹介したり，地域の名物などを外国語で発信することなども考えられる」(p. 7) と記されているが，「外国語活動」の「素地」にはそのようなレベルの英語力が含まれるのであろうか。
　疑問点は他にもあるが，それを列挙するのが本論の趣旨ではないので，標題の「音声と文字」については主に学習指導要領の記述を中心に検討することにする。（本論では対象読者を小学校教員だけに限定していないので，学習指導要領からの引用は別として，学習者という概念で「児童」を統一して使うこととする。）
　「外国語活動では，外国語を初めて学習することを踏まえ，児童に過度の負担をかけないために，「外国語を聞いたり，話したりすること」を主な活動内容に設定した」と述べているのは妥当な判断であるが，「第3　指導計画の作成と内容の取扱い」の2 (1) イに次のように書いてある。「イ　外国語でのコミュニケーションを体験させる際には，音声面を中心とし，アルファベットなどの文字や単語の取扱いについては，児童の学習負担に配慮しつつ，音声によるコミュニケーションを補助するものとして用いること」(p. 19)（波線部筆者）。波線部は，文脈から考えて，後半の「音声による」に対して「文字（表現）」と解釈されるので，「文字（表現）」が音声コミュニケーションを補助するという考え方である。ところが，上記引用文の解説では「発音と綴りとの関係については，中学校学習指導要領により中学校段階で扱うものとされており，小学校段階では取り扱うこととはしていない。」ことになっている (p. 19)。音声と文字との関係は，小学校英語の素地ではそれほど連関性の薄いものであろうか。

小中の連携（あるいは接続）ということが学習指導要領でも強調されており（それは当然のことであるが），小中の関係を直線的にとらえると，大きな間違いを犯す心配がある。知識・技能の発達は，関連要素を図式化したレーダーチャートのような枠組みでとらえる必要はないだろうか。

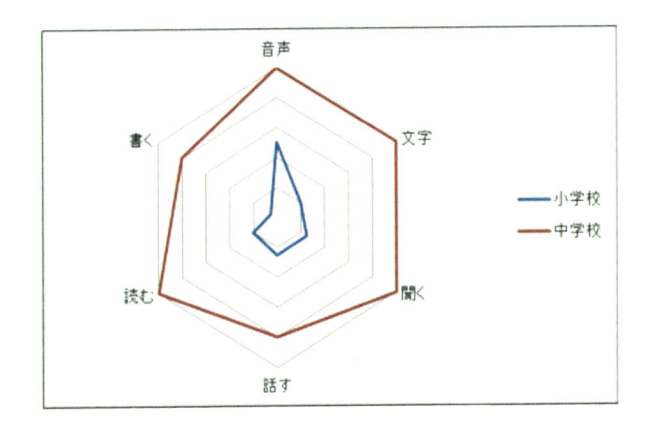

　このチャートは，中学校での到達最大値を 10 と設定し，その他の値は小学校，中学校の英語授業総時数（小学校 35 時間，中学校 140 時間）から割り出した架空の例である。「音声」は「話す」，「聞く」と，「文字」は「読む」，「書く」と，実際は部分的に重複しているが，ここではあえて別々にグラフ化したものである。

2. Reading Recovery における文字と語彙の指導

　Reading Recovery（以下，RR と略す）は，小学校 1 年生（6 歳児）で，読み書き能力が一番低い層 (20%) を対象に行う読み書き能力の個人指導プログラムである。その指導は次の 10 項目に配慮して行われる：
　音韻認識，文字の視覚認識，語彙認識，フォニックス／記号解読技能，フォニックス／構造分析，流暢さ／自動化，理解力，調和のとれたリテラシーアプローチ，早期介入，個人指導。
　「介入」(intervention) は評価によって明らかになった special education needs

(SEN) に対応して，通常の授業活動以外に個人あるいは小グループごとに必要な教育を短期間集中的に行うもので，RR もその一つである。

対象児童は，選考時までの読解力，診断テストの結果をもとに，RR 担当教員，担任，管理職による会議によって決定され，親の承諾を得て実施する。RR プログラムは個別指導の形で，教師と児童が一対一で，授業中の教室の隅か小さな別室で RR の資格を有する教員によって行われる。

RR による授業効果の検証については，実施国の RR 年報に詳しく書かれているが，ニュージーランドでは文部省が管理するネット上の記録媒体 (Reading Recovery Online Data Collection) があり，その使用法は「RR 指導手引き」(Reading Recovery Instruction Manual, 2009) で説明されている。

RR による指導効果を検証するために用いられているのは，The Burt Word Reading Test, Writing Vocabulary Test, それに教師による観察記録 (observation sheet) である。それぞれについて簡潔に説明する。

(1) The Burt Word Reading Test

「Burt 語彙テスト」(The Burt Word Reading Test) は，半世紀以上前にスコットランドで使用するために Cyril Burt によって開発されたものである。その後，基準値の更新に伴って 1955 年と 1974 年に改訂されている。ニュージーランドでは国内事情に合わせるとか標準化されることなく広く使用されてきたのであるが，1977 年，ニュージーランド教育研究所 (NZCER=New Zealand Council for Educational Research) による調査の結果，1974 年版はニュージーランドの児童に必ずしも適切でないことが分かった。特に，スコットランド教育研究所 (Scottish Council for Research in Education) によって作成された難易度の順序や基準値と合わない語彙があることが分かり，改訂し標準化することが望ましいと判断された。Eggers (1978) が Manawatu 地区の児童のデータを用いて独自に行った研究でもこのことが証明された。現在，用いられているのはニュージーランド改訂版である。

この語彙テストは，児童を対象に個人ベースで実施され，語彙認知技能を調べるためのもので，読解力を見積もる簡易な方法としても用いられるが，他の読解評価法と合わせて利用することが望ましい。この評価法による語彙認識と

読解力にはかなりの相関関係があり，test-retest の信頼度も認められている。児童一人当たり 5 分間で実施可能であり，結果は該当年齢 (Equivalent age bands) の形で記録される。実施に際して教師が特別な訓練を要することはなく，実施要項を読めば十分である。

このテストでは，児童を一人ずつ呼んで，他の児童から離れた静かな所で，110 語のリストを最初から 1 語ずつ順に読んでもらう。そのリストは現物をそのまま出すことは禁じられているので説明だけに留めると，2 字語から 16 字語まで 5 語ずつ 22 行並んでいる（必ずしも長さ順ではない）。10 語を続けて読み間違えたら，そこで終了する。正しく読んだ語数（素点）を数えて，Revised Norms for Burt (Re-arranged) Word Reading Test という換算表を参照して，該当年齢を記入する（例：素点が 24 であれば該当年齢は 6.5＝6 歳 5 ヶ月）。リスト内の語をテストに備えて教えることは絶対やってはいけない。

(2) テスト中の注意点

The Burt Word Reading Test を実施している間，いくつか注意すべき点がある。

- 児童が読んでいくのを教員は別紙に（語彙リストのコピーでも可）記録する。児童の気が散らないように注意して記録する。（例：正しく読んだ語には ✓ または ○ を付けてもよいが，その合計を児童に聞こえるように数えたり，紙に書いたりはしないように留意する。）
- 児童には各自の自然な速さで読ませていいが，読み方が早すぎて記録できない場合は，もっとゆっくり読むように指示する。
- 児童の最初の回答（読み）を採るべきだが，自発的な訂正は受け入れる。
- 児童の回答が正しいか正しくないかを言ってはいけない。児童に聞かれても，一般的な励ましの言葉だけを与える。
- 児童が何と言ったか分からない時を除いて，回答を繰り返させてはいけない。唯一の例外は，優秀な子が明らかに舌がすべったような場合である（例：boys' の s を読み落とした児童にもう一回読ませてみると正しく読むような場合）。

- 推測読み (guessing) は，飛ばすよりは奨励したほうがよい。
- つかえて読めない場合は，「それは飛ばして次に行こう」という指示で十分である。
- 一般的な発音を採るべきだが，地方なまりがあっても可とする。
- リスト中の難しい単語の読み方を教えることは厳禁である。

(3) 語彙難易度におけるスコットランドとニュージーランドの相違

(1) で述べたように，スコットランドとニュージーランドで同じ版の The Burt Reading Test を使用していた頃，両国の児童が感じる語彙認知の難易度が単語によって異なることが分かり，ニュージーランドでは自国に即した基準化・標準化の研究が進められ，現在は New Zealand Revision を用いている。語彙 120 語は同じであるが，その難易度による順序は両国間で異なる。相違の大きい語彙を下の表1に掲げる。

表1　2国間語彙認知比較

SC	NZ	X–Y=	Word	PoS	Letters
64	87	−23	theory	N	6
87	106	−19	microscopical	Adj	13
98	115	−17	constitutionally	Adv	16
51	67	−16	refrigerator	N	12
92	108	−16	renown	V	6
84	99	−15	mercenary	N	9
85	99	−14	glycerine	N	9
72	85	−13	binocular	N	9
79	92	−13	excessively	Adv	11
96	109	−13	hypocritical	Adj	12
100	113	−13	palpable	Adj	8
57	69	−12	encyclopaedia	N	13
93	105	−12	physician	N	9

102	114	−12	eccentricity	N	12
75	86	−11	economy	N	7
83	94	−11	terminology	N	12
86	97	−11	unique	Adj	5
101	112	−11	melancholy	N	9
107	118	−11	poignancy	N	9
40	50	−10	luncheon	N	8
78	88	−10	humanity	N	8
81	91	−10	autobiography	N	13
88	98	−10	perpetual	Adj	9
90	100	−10	influential	Adj	11
106	116	−10	alienate	V	8
109	119	−10	ingratiating	V	12
110	120	−10	subtlety	N	8

SC (Scotland)　NZ (New Zealand)　X −Y =SC-NZ
PoS= Part of Speech

　表1は，両国の差が二桁になっている27語を示したものである〈(-10)～(-23)〉。品詞別内訳は名詞16語，形容詞6語，動詞3語，副詞2語である。スコットランドの序数からニュージーランドの序数を引くとマイナス値になるのは71語(64%)である。両国の歴史，風土，人種構成，それらを反映した教科書の内容等の違いがその要因として推測できるが，その因果関係までは未だ分からない。

3. Writing Vocabulary Test

　このテストは，書き方の方向性（directionality: 左から右へ，上から下へ）および文字と音声との関係について児童の理解度を明らかにするものである。テスト中，教師は児童が文字についてどう考えているかを観察する（例：この

単語で児童は関連語彙を思い出しているか，語頭あるいは語尾から同じ単語を想起しているか，語彙をカテゴリー〈反対語，動物，人々など〉で考えているか）。また，このテストは児童が教えられたことだけでなく学習環境から学んだことについても洞察することができるだろう。さらに児童が教師の助けを借りないでコントロールできる語彙の記録も得ることができる。このようにして集められた観察データを基に，教師は interactive writing lessons, shared reading lessons，それに guided reading & writing workshop のためのミニレッスンの計画を作ることができる。

❏ 用意するもの：罫線なしの用紙，筆記用具，ストップウォッチ

❏ 留意点：
- 時間は一人 10 分。
- 教師と児童が一対一で行う。
- リストの文字が児童席から見えないように座らせる。
- 児童の机に罫線なしの用紙を置く。

❏ 指示
「あなたが書ける単語を調べたいと思います。まず，名前が書けるかな？（ここでストップウォッチをスタート）児童が「はい」と言ったら，名前を書いて下さい…できましたね。
　次に苗字を書いてみようか。
　今度は知っている単語をいくつか書いてごらん。」
　児童が「書けません」と言ったら，「一字や二字でできている単語を書いてごらん。例えば 'I'（ポーズ），'me'（ポーズ），'to'（ポーズ）」
- 児童の回答をすべて受け入れる。もし児童が正しく書けたかと聞いたら，心配しないで書き続けるように言う。単語の綴りを途中から書けなくなったら，「それはいいから別の単語を書いてごらん。」あるいは「後でここに戻ればよい。」と言うだけでよい。
- 関連語彙へのヒントを出してはいけない。Open-ended questions にして

"Do you know how to write any color words....number words?" 等のようにするのがよい。
- まだ10分になっていないのに書ける語彙を使ってしまった児童の場合は、そこでテストを止めて経過時間を記入する。
- 児童が書いている間、左から右に書いているか。上から書き始めているか、語彙記憶の特徴をメモしておく。
- テスト終了後、児童の氏名、日付、教師の氏名をテスト用紙に書く。

❏ 採点
- 児童が自発的に書けると言いながら、別な語を書いた場合は得点にならない（例："I can write 'cat'" と言いながら 'car' と書いているような場合）。
- 鏡文字が別な単語になる場合は得点にならない（例：ban vs. pan）。
- 右から左に書いた場合、文字と順序が正しければ得点となる（例：'nac' for 'can'）。
- 教師がヒントを与えなくても児童が自主的に一連の語を書いた場合は得点となる。
  　（例：fat, cat, sat; look, looks, looking）。
- 大文字と小文字の混同は得点となる（例：'I', 'i'）。
- 正しく書けた語数を the K-2 Literacy Profile に記録する。

以上、児童の言語習得過程における音声から文字への移行期で重要なポイントになる事項を外国の調査結果を活用しながら、日本の小学校学習指導要領（外国語活動編）の問題点を浮き彫りにし、今後の改善への示唆を述べた。教育は現実の制約の中で理想を求める営みであるから、100%理想通りにはいかなくても、常に改善への努力を怠ってはならない。そういう意味で実践の中にありながら研究の視点を持ち続けたいものである。

4. 日本の英語入門期指導に欠けているもの

(1) 印刷術の発明がもたらした明暗

　広義の印刷術は，いつ誰によって発明されたかは，諸説があって定説はない。西洋の印刷術にはよくグーテンベルクの名が出てくる。ヨハン・フストという人が資金を出し，ヨハン・グーテンベルグが羊皮紙，紙，インクなど印刷の実際面を担当して，両者が共同で印刷事業を始めたことは事実だが，融資の返済をめぐって両者の間で裁判となり，グーテンベルグが敗訴した。しかし，フストの娘婿のシェファーがグーテンベルクから印刷術を教わっていたこともあり，活版印刷術はその後も発展したが，実際のところ初期の印刷者について詳しいことはあまり分かっていない。グーテンベルクが『42行聖書』を印刷してから10年間に活動が確認される印刷者は，フストとシェファーのほかではバンベルクのA. プフィスターなど4都市の5人だけであるが，その後の5年間 (1466–70) で，さらに10都市で印刷が始まり，印刷者もさらに27人が活動を開始したようである。これらの人たちはグーテンベルクの周囲で技術を習得し，ヨーロッパ各地に散らばっていったと思われるが，印刷技術がどのように伝えられたかについても詳細は分からない。しかし，印刷術がもたらした影響は大きく，16世紀以降これらの初期印刷者の肖像画がいくつも描かれている。それらはすべて想像で描かれたもので，何種類か描かれているグーテンベルクの肖像画もすべて想像によるものと考えられる。一番古いものでも16世紀後半に作製された木版画で，この図をもとにしたと思われる肖像がいくつも存在する（国立国会図書館，2004）。（以上，http://www.ndl.go.jp/incunabula/chapter1/chapter1_02.html による）

　印刷術の発明が人類の文化の継承と発展に大きな影響を与えたことは言うまでもない。しかし，その結果，出版物が普及し，多くの人の目に触れるようになるにつれて，綴りの固定化をもたらした。綴りが固定化しても，長い間には発音は少しずつ変化していく。Take や make のように語尾の発音が落ちたり，knife, light, wrist, comb のような黙字 (silent letters) が出来て，児童の語彙学習を困難にしている。日本語でも『源氏物語』(c.1001) や『枕草子』(c.996) が書かれた時代の日本語と現代の日本語には発音，統語，語彙など，いろいろな点

で違いがある。特に「平仮名」は現代語では「や行」に2字,「わ行」に3字の欠落が生じている。

　現代の英語圏で英語を学ぶ児童は,綴り字と発音の関係を理解し習得するまでに,かなりの努力が必要なので,中には落ちこぼれそうになる児童も少なくない。そのためRRを始めとするいろいろな指導上の対策がとられている。特に文字と発音との関連については,詳細かつ具体的な指導技術が用いられているので,英語を外国語として学ぶ（教える）日本の教育現場で参考になることが多い。以下に,英語圏の教え方を日本で応用する場合に役立つ事項をまとめてみよう (DfES, 2007)。

(2) 文字と発音の学習プログラム
　標記のプログラムは,児童にアルファベット文字とリーディングおよび綴りとの関係を教える教員の仕事をサポートするために作成されたもので,次の理念に基づいている。
　① 児童に聞き・話す技能を養成し,フォニックスの知識および技能を学習する準備をすること。
　② 児童が上質のフォニックス学習を始めるのに適した時期に指導を開始すること。多くの児童にとって,その時期は5歳で,フォニックスの知識と技能を身につけさせ,7歳までにすらすら読めるようにすること。

6段階 (six phases) とフォニックス
　文字と発音に関する指導の6段階は次のような内容構成になっている。
段階Ⅰ：話す・聞く能力を支え,良質のフォニックス学習への道筋をつける
段階Ⅱ：系統的フォニックス学習を始める
段階Ⅲ：アルファベット文字の指導を完了し複数文字からなる語の学習へ進む
段階Ⅳ：児童が隣接する子音を含む単語を読み・綴ることができる
段階Ⅴ：新しい単語の綴り（書記素 graphemes）と音素 (phonemes) の関係を学ぶ
段階Ⅵ：大多数の児童が文字（群）を自動的の読めるようになる

子音音素（例）		母音音素（例）	
1. /b/ - bat	13. /s/ - sun 5	1. /a/ -ant 1	13. /oi/ - coin 1
2. /k/ - cat 6	14. /t/ - tap 1	2. /e/ - egg 6	14. /ar/ - farm 3
3. /d/ - dog 6	15. /v/ - van	3. /i/ - in 6	15. /or/ - for 6
4. /f/ - fan 1	16. /w/ - wig	4. /o/ - on 6	16. /ur/ - hurt 5
5. /g/ - go 6	17. /y/ - yes 6	5. /u/ - up 6	17. /air/ - fair 3
6. /h/ -hen	18. /z/ - zip	6. /ai/ - rain 5	18. /ear/ - dear 6
7. /j/ - jet 1	19. /sh/ - shop 6	7. /ee/ - feet 3	19. /ure/[4] – sure 6
8. /l/ - leg 5	20. /ch/ - chip 2	8. /igh/ -night 6	20. /e/ - corner 4
9. /m/ - map 3	21. /th/ - thin 2	9. /oa/ - boat 4	(the 'schwa' – an
10. /n/ - net 2	22. /th/ - then 6	10. /oo/ -boot	unstressed vowel
11. /p/ - pen 6	23. /ng/ -ring 3	11 /oo/ -look 6	sound which is
12. /r/ - rat 1	24./zh/[3]– vision	12. /ow/ -cow 3	close to /u/)

* 例 (sample words) として使用された単語の次の数字は，日本の中学校教科書（2012 版）で，その単語が用いられている教科書の数である。6 は全教科書（6 種類），数字が入っていないのは中学校の教科書に使用されていない単語である。肩文字 [3] と [4] は，原本のままであるが，その発音がイギリス英語では多少異質なので，段階Ⅲでは省略してもよいことになっている。（註：音素をアルファベットで表している。）

(3) 上質のフォニックス学習の原理

「聞く・話す」ことを重視した段階Ⅰに続いて，段階ⅡからⅥにかけては上質のフォニックスを体系的に指導することになっている。これは毎日 20 分ずつ行うのが望ましい。児童に単語の読み・綴りを教えるには，これが一番のアプローチである。

フォニックスは，知識，技能，理解に必須の内容であり，直接指導するのが肝心である。初めて指導を担当する場合は，不安や疑問が出てくる場合もあることを想定して，英国文部省 (DfES, 2007) の指導案内に基づき，Questions & Answers の形式で説明することにしよう。

Question & Answers:

Q1. システマティック・フォニックスでは，どのような教え方をするのですか。
A1. 英語は音声と文字を有する言語ですから，語や文の音声がどんな文字列で表現されるのか，両者の関係を理解し身につけることが大変重要です。主な音素 (phoneme)・書記素 (grapheme) 間の対応関係を明確に定義し，それに基づく順序に従って指導するのがシステマティック・フォニックスです。

Q2. システマティック・フォニックスの授業では，毎時間，何を中心に教えるのですか。
A2. フォニックスは，アルファベットのコード（文字列）に関する知識，即ち読むための音素結合と綴るための音素分解の技能から成り立っているので，授業によっては新しい書記素（文字列）を学ぶ場合もあれば，書記素の認識や早期の練習の場合もあります。書記素を5, 6個学んだら，読むための結合や綴るための分析が入ってきます。

Q3. 口頭による結合と分析はどうして重要なのですか。
A3. 口頭による結合と分析は，喩えれば物の表裏のようなものですが，児童が文字を習うとき，「読む」と「綴る」に合わせて結合と分析が必要です。音素ごとに発音できる玩具を使って，結合したり分析したりしながら，児童がゲーム感覚で楽しみながら学べるからです。

Q4. 音素の発音の仕方は本当に重要なのでしょうか。
A4. 聴覚の優劣は先天的な面があり，絶対音感の持ち主や音素の発音があまり正確でない場合でも，すぐ結合の仕方を覚える児童もあります。一方，'cat' を 'cuh-a-tuh' と発音する子もいるので，できるだけ明瞭に発音することが大切です。

Q5. '文字を覚える' ことは「何ができるようになる」ことでしょうか。

A5. 次の 6 項目です。
- 文字の形を識別すること
- 音（素）を文字の形と共に認識し発音すること
- 音を聞いて該当する文字の形を想起する（あるいは選択肢から選ぶ）こと
- 文字の形を正しい筆順並びに他の文字との方向性や関係を間違わずに書くこと
- 文字の名前を言うこと
- 文字の名前から文字の形を想起し認知できること

Q6 文字は何歳まで覚えればいいのでしょうか。
A6. 児童一人一人の経験は 5 歳までに，すでに大きな個人差ができています。文字についての経験も児童によって様々です。しかし，良い指導を受ければ，読み書きのための文字学習は児童にとって楽しい時間になります。
　音と文字の学習は，単純なものからより複雑なものへと，少しずつ進んでいくものです。フォニックスによる学習プログラムは複数存在しますが，それぞれ指導手順があるのでミックスして用いないことが大切です。その学習プログラムの進める順序に従って教えることが最大限に活用することになります。

Q7. Mnemonics（記憶術）というのはどんなものでしょうか。必要なものでしょうか。
A7. アルファベットの小文字の中には大変紛らわしいものがあります（例：b, p, d, q）。Mnemonics というのは memory aids（記憶の助けになるもの）ですから，自分に合ったものであれば使って結構です。できれば人間の感覚（視，聴，触など）を複数活用するものが望ましい。
例：/s/ について
　　It begins the word *snake*.
　　It looks like a snake.
　　It represents a snake-like sound, /sssss/.
しかし，一つ注意が必要です。記憶術はあくまでも手段であって目的ではない，ということです。

Q8. 音声と文字教育の評価はどのようにすべきでしょうか。
A8. 児童一人一人の進歩を信頼度の高い方法で評価し，学習段階における困難点を知ることが大切です。その主な観点は次の4項目です。
- 音素（音）と書記素（文字）の対応
- 口頭による音素と書記素の結合
- 口頭による音素・書記素への分析
- 疑似語 (non-word) の読み方

Q9. 方言はフォニックスの指導に影響するでしょうか。
A9. 影響する場合がありますが，それは英語圏内の場合です（例：up, cup, butter の母音の発音は英国北部では put, but と同じですから foot と韻を踏む）。しかし，日本で指導する場合は，正確な発音であるにこしたことはありませんが，大事なことは考えや感情を伝え理解し合うコミュニケーションであり，それを先ず優先させるべきでしょう。

Q10. アルファベット文字の名前を指導することは必要でしょうか。
A10. フォニックスではアルファベットの名前を覚えることは必要です。特に ch, th, wh- などの2文字からなる grapheme（書記素）を導入する時には不可欠だからです。歌になって市販されて CD が何種類かあるので，ぜひ活用してください。

第 8 章

Reading Recovery Program の
担当教員養成

　RR プログラムの特徴として，徹底した教員養成システムに支えられていることがあげられる。現在 RR プログラムが，発祥の地ニュージーランドを始めとして，オーストラリア，イギリス，アメリカ合衆国，カナダ，アイルランドなどの国々でその成果が高く評価されている理由は，このプログラムを貫く教育理念と指導方針が，発案者である Clay から，RR トレーナー (Reading Recovery Trainers)，RR 教員リーダー (Reading Recovery Teacher Leaders)，RR 教員 (Reading Recovery Teachers) へと，綿々と受継がれているからなのである。

　本書の著者 2 名は，2011 年に RR プログラムについて学ぶためオーストラリアとニュージーランドへ行った際，RR 教員による児童の指導の参観に加え，RR 教員 (trained teachers) のための教員研修と RR 教員になるための研修 (teachers in training) を参観することができた。また，2012 年にはカナダへ行き，RR 教員 (trained teachers) 研修の参観と，RR 教員リーダー (teacher leaders in training) 研修（RR 教員リーダーの資格を取ろうとしている RR 教員の研修）の視察を行った。この 3 国での RR 教員研修の参観では，後で説明する one-way screen を使った RR 指導観察とそれに基づくディスカッションへの参加が許可され，そこで現役の RR 教員と RR 教員リーダー，RR トレーナーと直接 RR 指導および RR 教員研修について話を聞くことができた。この 3 国の RR プログラム関係者との直接交流によって，RR プログラムを支えている指導理念である emergent literacy と指導方針が roaming around the known が，RR 教員，RR 教員リーダー，RR トレーナーによって，実際の読み書き回復を助けるためどのように具体化されているか理解することができる。

1. 担当教員の種類と役割

　New Zealand Reading Recovery Guidelines (2011) によると，RR 教員は，1) 小学校教員の資格を持っている，2) 過去3年間において低学年（小学校0年から3年生）児童を効果的に教えることができている，3) 1年間の RR 教員のための訓練（RR 教員リーダーによる1年間の RR コースの単位履修が義務となっている）に参加することを厭わない，4) 新しい考え方や実践方法を柔軟な態度で受け入れることができる，5) 自分の実践方法を批判的な態度で顧みることができ，RR の指導方法をそれぞれの児童の指導へと実践していける人材でなければならない。ニュージーランドでは5歳の誕生日を過ぎると小学校に入学することができる。また，通学している児童や教職員の人数を年に何回か教育省に報告する義務があるのだが，7月以降学校に行き始める児童が，何かの理由で7月の報告時 (Roll Returns) に学校に現れなかった場合，その児童を Year 0 として扱い，この児童は次年度7月の報告時に Year 1 として扱う。

　前章までにも述べたように，RR プログラムの指導対象になる児童の読み書きに躓く原因は様々であり，児童の興味や知識も異なるのでアプローチも当然様々であるという考え方から，RR 教員は，児童の躓く原因と児童の興味や知識を探り (roaming around the known)，解決法を見つけ，即座にそれぞれの状況に適した方法を選ばなければならない。そのため，柔軟な態度で個々の児童のケースに適した対応ができることが要求されるのである。

　RR 教員は，小学校の担任教員，小学校側，児童の父兄と密接に連絡を取りながら，小学校児童全体の読み書きレベルを上げるべく，RR プログラムの訓練を行っている。RR 教員は，プログラムに入ってくる児童の読み書き判定テスト (observation survey) を分析して，児童のレベルを把握しなければならない。また，RR 教員は，1) RR で訓練を受けている児童の読み書き能力の伸びを記録する，2) RR への積極的な参加を児童へ促すために，児童の父兄や家族の人々に協力を要請する，3) ある一定の期間の訓練を終えるとき，もう1人の教員（その児童の指導に当たっていない教員）に independent assessor として児童の読み書き判定テストの分析をしてもらう，4) 児童が RR 訓練を終えた後，通常のクラスに問題なく戻れるように担任の教員と密接に連絡を取る，などの

役割がある (National Reading Recovery Centre, 2011)。教える内容は，それぞれの児童の能力回復に必要だと思われる教材，タスクを考えて行う。また，RR 教員の資格を取って指導してからも，RR 教員である限りは教員研修を定期的（RR 教員になった後でも毎年少なくとも 6 回の教員研修に参加する）に受けなければならないなど，読み書きに躓いている児童の能力を回復させるために，常に指導技術を切磋琢磨することが期待されている。RR 教員になってからも研修を受けることになっていることから，RR 教員の資格を取ろうと訓練している教員を teachers in training と言い，RR 教員になってからさらに研修で研鑽を積んでいる RR 教員を trained teachers と言って，それぞれ呼び名が異なる。

　RR 教員リーダーは，1) 小学校教員資格を持っている，2) 小学校 1 年生から 3 年生の児童に適切な指導ができる，3) 教育者として経験が豊富で，教育者として能力の高い人である，4) RR 教員になってからも教員訓練を受けており，さらに教育機関での勉学を続けていくことができ，5) 協力して組織の中で仕事のできる人でなければならない（ニュージーランドやオーストラリアでは，RR 教員リーダーとは言わず，RR チューターと言う）。また，RR 教員リーダーの役割は，1) RR プログラムで自身の指導技術の向上のため，毎日 4 人の児童の読み書き訓練を行う，2) 児童のリテラシー能力を測定し，その測定結果の分析をする訓練を RR 教員とクラス担任へ提供する，3) 2 週間ごとに 18 週続く RR 教員研修 (teachers in training) のための訓練講座を開催する，4) 1 年に 4 回から 6 回の割合で RR 教員が教えている学校の RR 訓練を参観する，5) RR プログラムで訓練を受けている児童が RR プログラムに入る際の読み書き能力の判定，訓練を受けている最中の伸びの様子の分析，RR プログラムを修了する (discontinue) ときの判定に関わる，6) 読み書きがかなり困難な児童に特別訓練をするためのガイダンスを行う，7) RR 教員が彼らの学校での RR プログラムを成功させるための手助けをすることである (National Reading Recovery Centre, 2011)。このように，RR 教員リーダーは，RR 教員志望者の研修と RR 教員の教員研修を担当することに加え，RR 教員リーダーを志望する教員の訓練も行うことから，大変重要な役割であることがわかる。

　このように RR の要となる RR 教員リーダーを指導する立場になる RR トレ

ーナーは，RRプログラムの質を維持するために更に重要な存在というわけである。RRトレーナーは，1) 学問的にも教員経験という点においても十分な資格を有し，大学院で教育学を専攻することができる，2) その専門の知識を効果的に活用することができる，3) RR教員リーダーのための訓練やRRプログラムの運営と発展に責任を持って勤めることができる人でなければならない。RRトレーナーも少人数ではあるがRRプログラムの児童の指導に当たる。RRトレーナーも，常に現場での経験を通して指導技術を磨くことが期待されているからである。また，RRトレーナーは，教育環境の中でRRプログラムが効力を発揮できるよう助言を与え，RR教員リーダーのための高等教育レベルの訓練を提供している。RRトレーナーは，毎年定期的にそれぞれのRR教員リーダーを訪ね，RR教員リーダーやRR教員のために教材開発を行い，どのように教えているかを確かめて，文部省に報告しなければならない。また，RRトレーナーは，RRの指導方法，訓練などの質の向上のために調査を行い，RR関係の研究雑誌や出版物の評価もすることになっている。ニュージーランドでは，オークランド大学 (The University of Auckland) でRRトレーナーの資格を取るためのプログラムが用意されている。

2. 担当教員になるための研修

　2011年にオーストラリア（シドニー）とニュージーランド（ダニーデンとオークランド），2012年にはカナダ（オンタリオ州トロント）のRRセンターを訪問し，RR教員になるための研修 (teachers in training)，RR教員 (trained teachers)，RR教員リーダー (teacher leaders in training) の研修を参観することができた。ここでは，RR教員になるための研修 (teachers in training) とRR教員 (trained teachers) の教員研修について述べる。

　RR教員になるための研修を受けている教員 (teachers in training) は，RR教員リーダーによって行われる1年間の訓練コースに参加して必要な単位を取得しなければならず，a. 学習観察に基づく児童の読み書き能力診断 (observation assessments) の方法を訓練する講座に参加する（このobservation assessments

のつけ方は，① 読み書きに躓いている児童に対し RR 訓練が必要であるという判断を下すため，② RR 訓練中の児童の読み書き能力の上達レベルを見極めるため，さらに，③ RR 訓練を修了して通常の授業に戻っていいという時期についての判断を下すために学ぶ），b. 17 回続く訓練講座に参加する，c. 1 週間に 5 日間，30 分ずつの RR 訓練を 1 日当たり少なくとも 4 人の児童に対して行う，d. 1 年に少なくとも 2，3 回，訓練中に実際に RR プログラムで教えている児童の 1 人を連れてきて，one-way screen（片面鏡付）の部屋の中で，研修を受けている他の教員の前で実際に RR の授業を実践する，e. RR 教員リーダーからガイダンスと適切な指導手順を学ぶために 4 から 6 回学校への訪問を受ける，さらに f. 訓練を行っている学校の同僚同士で授業観察し合うことになっている (National Reading Recovery Centre, 2011)。

　RR 教員になってからも (trained teachers)，定期的に教員研修を受ける。彼らの役割は，1) 毎年少なくとも 6 回教員研修に参加すること，2) 教員研修で自分が指導している RR プログラムの児童とともに one-way screen の部屋での実践授業を定期的に行うこと，さらに 3) 同僚の RR 教員の授業を参観し，RR 教員リーダーによる訪問を受けることになっている。

　下記の写真は，ニュージーランドの小学校にある RR 訓練のために使われる one-way screen のある部屋である（著者による撮影）。RR 研修中の教員 (teachers in training)，また続けて教員研修を受ける RR 教員 (trained teachers) は，このような部屋の片方で実際の RR の授業を行う RR 教員の様子を，もう片方の部屋から観察し，RR の指導技術を磨くのである。下の写真 a にある部屋は，ちょうど RR 教員が児童に RR 訓練を実践する部屋である。向こう側にはこの実践

a　　　　　　　　　b 　　　　　　　　　　c

授業を観察しているRR訓練中の教員やRR教員リーダーがいるのだが（bとcの写真で，椅子がたくさん並んでいる手前側），窓の黒いカーテンを引いてしまうと，実践中のRR教員とRR訓練を受けている児童には鏡の向こう側に人がいることは分からないような仕組みになっている。実践指導を見ている最中と見た後，RR教員リーダーが質問を投げかけ，RR教員同士で質問やコメントをしながら，roaming around the knownの指導方針がどの場面でどのように実践されていたか，その指導の仕方が児童の興味や既習知識を引き出す指導として適切であるかどうかなどについて活発な意見交換が行われている。

　また，教員研修で多くの時間が費やされている話題は，いかに観察記録(observation survey)を取るかである。この観察記録は，RRプログラムの児童の読み書きの様子および上達の度合いを記す記録であるが，児童の読んでいるときの様子を瞬時に判断して記録することが要求されるので，この観察記録のつけ方は，RR教員になってからも難しいと感じる人が多い。ディスカッションの中心も児童の読む能力についての自分たちの判断が適切かどうかという話題に集中していた。後で述べるRR®教員リーダーのJu Silva氏も同じことで悩んでいたようで，Van Dyke氏にそのことについて質問をしている。観察記録のつけ方については，参加しているRR教員が同じ実践授業を観察して記録をつけながら，いわゆるRR教員リーダーによる「答え合わせ」をすることによって，記録のつけ方，読み能力の判断の仕方を学んでいる。

　研修参加者の教科書は，"An Observation Survey of Early Literacy Achievement (Clay, 2005a)," "Literacy Lessons Designed for Individuals Part One (Clay, 2005b)," "Literacy Lessons Designed for Individuals Part Two (Clay, 2005c)"となっており，Clayが本の中で説明している指導方法に言及し，Clayの考え方について思量しながら，実際に使われている指導テクニックを分析し，効果的なRR訓練のための指導を模索する。またこの研修では，Clayが提示している指導方法だけでなく，参加している教員が各々の経験から効果的であると思う指導テクニックも披露し合い，お互いの指導テクニックの引き出しを充実させようと試みている。

3.「教員リーダー」になるための研修（トロント研修からの報告）

　2012年のカナダ研修（オンタリオ州トロント）では，RR®教員リーダーのための研修を参観することができた。RR®教員リーダーを志望している教員 (teacher leaders in training) は，1) RR®教員リーダーになるためのセミナーや授業に出席する，2) 1年に何回か授業の一環として one-way screen のある部屋で実践授業を行う，3) 学校で少なくとも4人の RR®プログラムの児童を，毎日30分ずつ教える，4) RR®プログラムための効果的な指導方法を提示する，5) RR®の児童の指導のために児童の学習記録をつけ続ける，6) RR®トレーナーから授業訪問を受ける，7) CIRR®地区担当トレーナーに児童の学習データを提出する，8) 児童の父兄，1年生児童の担任の先生，他の学校関係者と連絡を取りながら RR®の指導を行う，9) 学校訪問をすることが期待されている (CIRR® Standards and Guidelines 3rd Ed., 2006)。

　例えば，RR教員リーダーになるために英国では，ロンドン大学教育学部で修士号（Literacy Learning and Literacy Difficulties を専門とする学位）を取得する必要がある (http://readingrecovery.ioe.ac.uk/pages/teacherleaders.html 10/09/2009)。カナダでは，学士号または修士号を取得した上で，小学校で最低でも3年以上の教員経験を必要とし，RR®教員リーダー研修所で1年間研修を行い，単位を修得する（RR®トレーナーである Janice Van Dyke との会話から）。ニュージーランドでは，オークランド大学で修士課程 (postgraduate programme) の1年間コースを履修することにより，RR チューターの資格を取得できる。

　プログラムの中核をなす RR®教員リーダーの研修を通して RR®プログラムの指導上問題となっていること，指導のポイントなどが浮き彫りになり，著者の RR プログラムのついての理解が一層深まった。2012年に著者が訪問したときには，Van Dyke 氏は RR®教員リーダー候補生である Ju Silva 氏を指導していた。研修の構成として，3時間の集中研修の前半部分は，Clay の著書や論文，Clay について書かれた書籍や論文を教科書とし，それらに書かれている RR®の理論やそれに基づく実践指導方法についての理解を深め，さらに研修生が日頃 RR®の児童の指導上疑問に思っていることを話題として，研修指導に当たる Van Dyke 氏と意見交換するというものである。また，後半では RR®の訓練

の中で重要と考えられているwarming-up期間の児童への対応についてのDVDを見ながら，本格的なRR^{R}訓練前のroaming around the knownの指導方法について学んだ。

　前半の話題の中心は，Ju Silva氏が問題提起した「児童の読み書き能力を測定する観察記録(observation survey)の信頼性」とcollaborative inquiryという考え方についてであった。Ju Silva氏は，実際に指導しているRR^{R}の児童の読み書き能力を判定する際に，自分が記録している観察記録の結果を基に次の段階のテキストへと進めていくことが適切な判断であるか，自分の判断についてその児童の両親から異議申し立てされたときに自分はどう対応すべきか悩むというものであった。Van Dyke氏の助言は，RR^{R}教員リーダーとしての判断力を信じて指導すべきであるというものであると同時に，RR^{R}指導の際のcollaborative inquiryという考え方を紹介した(David, 2008–2009)。教育の現場でよく聞かれるこの考え方は，学習者の能力を一人の指導者が判断しその責任を負うというindividual responsibilityとは反対の考え方である。Van Dyke氏の助言は，教員が協同して共通の教育目的を持ちながらデータを収集し，指導方法の効果測定をすることにより指導の質を高めていくというcollaborative inquiryという立場で指導にあたるべきということである。実際にRR^{R}指導を終了してもよいという判断をするときにはindependent assessorという第3者となるRR^{R}教員がその評価に加わって，その児童の能力を見極めることになっている。様々なデータを基に，複数のRR^{R}教員の見方を反映させながら多面的に児童の能力を判定することの意義をここでは強調したことになる。

　研修の後半で話題となったことは，warming-upの時期の重要性についてである。CIRR^{R}が編集したDVDを見ながら，いかにroaming around the knownに基づいた指導がなされるべきか意見交換を行った。RR^{R}訓練のとき，実際の訓練に入る前の10日ほどその児童の趣味や興味のあることなどについて尋ねるなど，RR^{R}教員が児童と知り合う期間を設けており，そのために児童に好きな絵を描かせたり，アクティビティをさせたりなどwarming-up活動を行うことになっている。その児童の読み書き訓練をどの段階から始めるべきかを決めるのに大切な時期であるという。例えばその児童が漫画をよく読むのであれば，ライティング活動で漫画の話を誘い水にして，その話題と関連したことに

ついて書かせるなど，常に指導は，個々の児童に合わせる (personalize) 必要がある。言い換えると，児童の特異性 (idiosyncratic factors) を重視するということである。Roaming around の原義は，「周りをうろうろする」という意味だが，児童の能力 (competence) を知るために，児童の家族と協力してその特異性を活かした指導を行っていくことにより，RR®訓練の効果を上げることができる。さらに，この warming-up 期間を設けることにより，児童の情意フィルターを下げ，RR®の訓練をより効果的にすることができると考えられている。この DVD で紹介されている活動は，どれも roaming around the known に結びつく活動となっていた。

　この RR®教員リーダー候補生の研修中，児童の音声言語の発達を助ける指導方略としての personalization と reformation についての説明を聞くことができた。Roaming around the known に基づく指導方法として personalization は，前にもあったように RR®教員や RR®教員リーダーが児童の言語発達を助ける指導方略の1つである。RR®教員は，児童との会話の中で児童が知っていることや天性の能力を見極めながら，あたかも児童がリーダーシップを取っているかのように思わせることにより，読み書き能力は努力次第で回復し，さらにその能力を発達させるのは自分自身のやる気次第であると分からせるのである。Van Dyke 氏と Ju Silva 氏の議論の中で話題となった，児童の言語発達を助けるもう1つの言語指導方略に reformation（修正，矯正）があった。児童との会話の中で児童の語彙力が不足しているため言葉足らずになっている場合，RR®教員が reformation することによって，児童の表現を補足し，また新しい表現を提示することになる。このような会話を通した reformation の方略を繰り返すことにより，音声言語の発達を促し，いずれは文字言語の発達へとつながっていくというものである。Van Dyke (2006) は，この reformation についてその論文の中で次のように説明している。その使用の目的は，1) 長い話を要約させる，2) 標準的な文法規則を使って児童が前に言ったことをもう一度言い直し，正しい言い方を提示する，3) 児童に教員が言ったことを理解させる，4) 児童が口頭で表現しようとした意味に注目して，異なった表現で言う，5) 児童が自分の考えをまとめるのを助ける，ことである。

　Personalization と reformation という指導方略を使って，RR プログラムで訓

練を受ける児童の音声言語の発達を助け，そのような談話行為を通して書く能力の向上へつなげていくという狙いがある。しかし Van Dyke(2006) はその論文の中で，この指導方略を使って教えたとしても，必ずしもそこで教えた言葉を後に児童が使うようになるという訳ではないことも指摘している。児童は自分の考えから，教員との会話の中で学んだ言葉が自己表現に役立つと考えたとき初めてその言葉を自分の使用語彙の中に取り込むというのである。これは，emergent literacy の期間に児童が言葉を習得していく過程の特徴と言えるであろう。

　これら3か国の RR[R] プログラム視察を終え，RR[R] プログラムの読み書き回復のための指導だけでなく RR[R] 教員および RR[R] 教員リーダー研修に参加したことにより，RR[R] プログラムが目指す言語指導の理解がさらに深まった。Emergent literacy の期間には児童との会話，その中で児童の知識に注目し，時に言葉遣いを修正および矯正しながら彼らの音声言語 (oral language) の発達を助け，それがやがて文字言語 (written language) の発達へとつながっていく。そのような意味において，emergent literacy の期間は言語発達のための基礎固めの時期と考えられる。この大切な時期に RR[R] 教員，RR[R] 教員リーダーの役割は重要であり，そのためにも教員研修は継続して行われなければならない。

付録 1

　平成23年（2011年）8月7日から23日まで，著者2名はオーストラリア（シドニー），ニュージーランド（ダニーデン，オークランド）で RR プログラムの指導参観，RR 教員 (trained teachers) 研修，RR 教員志望者 (teachers in training) の研修の参観を行った。下記は，その際に滞在した日程と小学校および RR センターである。

　オーストラリアの研修に関しては，Dr. Janice Farmer-Hailey (Psychologist, Consultant in Psychological Tests & Testing, Australian Council for Educational Research), Dr. Marian Power, Ms. Lydia Berger, Ms. Louise Green のご指導を受け，ニュージーランドでは，RR トレーナーである Ms. Amy Fraser，オークランド大学教授であり RR トレーナーでもある Dr. Christine Boocock, Dr. Blair

Koefoed のご指導を受けることができた。

8月7日—8月10日
Australia, Sydney:
　　Turramurra Reading Recovery Center (Turramurra Public School)

8月10日—8月16日
New Zealand, Dunedin:
　　North East Valley Normal School,
　　George Street Normal School,
　　Tainui School

8月16日—8月23日
New Zealand, Auckland:
　　New Windsor School,
　　Freemans Bay Primary School,
　　Oranga Primary School,
　　The University of Auckland, Faculty of Education
　　　(Reading Recovery New Zealand)

付録 2

平成 24 年（2012 年）10 月 1 日から 5 日まで，著者 2 名は，カナダ（オンタリオ州トロント）で RR®教員 (trained teachers) 研修，RR®教員リーダー志望者 (RR® teacher leaders in training) の研修参観を行った。下記は，その際に滞在した日程と研修が行われている小学校附属 RR®機関および RR®センターである。カナダ研修では，Canadian Institute of Reading Recovery® Central Division Office のコーディネーターであり，RR®トレーナーでもある Ms. Janice Van Dyke, CIRR®の会長である Ms. Hazel Dick のご指導を受けることができた。

10月1日
Canadian Institute of Reading Recovery® Central Division Office, Charlton
　　Public school
　　　・Meet with Ms. Janice Van Dyke, Trainer Coordinator CIIRR® Central

Division and Ms. Hazel Dick, President, CIRR[R] Board of Directors
- ・Observe Teacher Leader Certification Course seminar
- ・Interview with Teacher Leader candidate Ms. Ju Silva
- ・Debriefing with Ms. Janice Van Dyke

10月2日

Reading Recovery Teacher in-service in Peel District School Board
　Followed by conversations with teachers and the teacher leader
- ・Meet with Ms. Leslie Hodgins Ross, Teacher Leader (Sherwood Mills Public School)

10月3日

Reading Recovery Teacher in-service in York Region District School Board
　Followed by conversations with teachers and the teacher leader
- ・Meet with Mr. Paul Cousineau, Teacher Leader (Wilkinson Public School Annex, Reading Recovery)

10月4日

Reading Recovery Teacher in-service in York Region District School Board
　Followed by conversations with teachers and teacher leaders
- ・Meet with Ms. Dee Dee Verlinde, Teacher Leader (Centre for Leadership and Learning)

10月5日

Canadian Institute of Reading Recovery[R] Central Division Office Charlton Public School
- ・Meet with Ms. Janice van Dyke, Trainer Coordinator CIRR[R] Central Division
- ・Interview with Teacher Leader candidate Ms. Ju Silva
- ・Observe Teacher Leader Certification Course seminar
- ・Followed by debriefing with Ms. Janice Van Dyke

Part III

Literacyの視点から見た日本の早期英語教育

第9章

日本の読み書き教育と欧米の Literacy 教育

　リテラシーあるいは識字率という用語を見たり聞いたりすると，我が国では「母語における識字率」と考える人が圧倒的に多い。しかし，国際的に見た場合，母語に文字がない国や地方もあるので，「母語における」という前提は，必ずしも正しいとは言えない。さらに，外国語学習においても，リテラシーの基準をどこに置くかにもよるが，非常に基本的な文字表現や文章表現の理解度がきわめて低い学習者が，中学レベルだけでなく，高校・大学レベルでも少なくないという事実をどう受け止めるべきか？　これは外国語教育におけるれっきとしたリテラシーの問題である。カナダでは英語とフランス語が共に公用語になっている地区もあり，その一つであるオンタリオ州では，第二言語として英語を学ぶ生徒（9–12 年生）のカリキュラムは English as a Second Language and English Literacy Development という科目名になっている。

Table12: Implementation of IPLE* in Canada in French and French Immersion Schools for 2011–2012 school year. (National Implementation Data 2011–2012)

	Total # of Gr.1 Students in IPLE schools	Gr.1 Children included in In IPLE	Implementation Rate %	Total Number of Schools	Total Number of Teachers	Total Number of Teacher Leaders	Provinces Included
French	1,409	212	15.1%	36	37	37	-Ontario -Prince Edward Island

French Immersion	462	79	17.1%	12	13	13	-Prince Edward Island -British Columbia
French Immersion	171	24	14.0%	3	4	4	-Manitoba
TOTAL	2,042	315	15.4%	51	54	54	

*Intervention Preventive en Lecture-Ecriture

Frenchと書いてあるのは第一言語であるフランス語の履修者で，French Immersionと書いてあるのは第二言語としてフランス語をimmersion教育で学んでいる生徒である。

1. 表音文字と難読症 (dyslexia)

　漢字仮名交じり文でいろいろな教科を学ぶ日本人が，初めて表音文字だけのことばに接するのが英語教育の場である。「それがどうしたの？」という疑問を持つ読者もおられるかと思うので，始めにその疑問に関連させて簡単に触れておきたいことがある。表音文字を使って生活している国・地方には，知的水準は平均かそれ以上なのに，読む力が極端に低いDyslexia（難読症）と呼ばれる症状の人々がいる。筆者の一人が在英中の1980年代初頭，ロンドンのウエストエンドで歌舞伎俳優の九代目松本幸四郎が「王様と私」を英語で演じていた。その相手役の女優は幼少の頃，難読症と診断されたが，親が早期に気づいて適切な治療と指導を受けさせたため，現在，立派に女優として活躍しているという話が *Observer* という新聞に載っていた。それは難読症に関するキャンペーン記事の意図もあったせいか，新聞のまるまる2ページを割いて，家庭で難読症と分からずに放っておかれると，読む力が弱いためにいろいろな場面で挫折感を味わい，自暴自棄に陥って悪事に走る人も少なくない，と記載されていた。この章で，難読症について触れるのは，英語に初めて接する日本の学習者が，表音文字の学習に際し，どのような躓きや困難を感じるのか，日本では

未だ包括的な調査が少ないので、しばらくは注意して観察して欲しいからである。参考までに、海外での調査結果で日本の（特に早期の）英語教育に参考になると思われる研究を次に紹介する。

　Dyslexia の子どもは、一般的に読解力が低いが、その原因として語彙認識に欠陥がある。近年、英国で行われた調査 (Rose, 2009) の結果、Dyslexia の主な症状として低い phonological awareness、遅い言語処理に加えて、言語の短期記憶上にも制限があることが分かった。その調査では二つの方法を用いた。一つは「音素消去テスト」(phoneme deletion test) と言って、単語の発音を聞いて（特定の）音素を取り出させるものである。もう一つは音韻記憶テストで、non-words（非語）を聞かせ、それを繰り返させるものである。その結果を Dyslexia 群、統制群（同年齢）、統制群（同じ読解力レベルだが年少者）の三群で比較したところ、「音素消去テスト」では統制群（同年齢）＞統制群（同じ読解力レベルだが年少者）＞Dyslexia 群となり、音韻記憶テストでは統制群（同年齢）≧統制群（同じ読解力レベルだが年少者）＞Dyslexia となっている。

　Dyslexia の人の知能レベルにはかなり幅があり、その症状によって区切るよりも、一種の連続帯と考えた方がよいと言われている。症状がどの程度のものなのか、また、どれくらい続くものなのかは、よく練られた Dyslexia の指導に児童がどのように反応するかによって分かる。以下にその主なものを挙げる (Wheldallac & Byersb, 2009)。

- 小文字で基線より上に伸びる文字（ascender 例：b, d, f, h）に比べて、小文字で基線より下に伸びる文字 (descender) は児童にとって難しい（例：p, q, j, y）。それも sanserif という字体で印刷した場合、児童は文字の識別に苦労する。大人は棒と丸で出来ている字体だから簡単だと考えるが、児童にとっては、その簡単さが逆に識別の手がかりを減少させるのである。
- 児童用の本や雑誌には、ページのレイアウトが目立つようにという大人の考えから、活字体やフォントを選ぶことが少なくない。しかし、それが必ずしも児童にとって読みやすいものになるとは限らない。しばしば逆効果になる。
- 印刷用の字体は明快で識別しやすいものを選ぶことが大切で、教師がハ

- ンドアウトを自作する時も字間スペースと併せて考慮すべき点である。
- 近年，教育の現場にタブレットが普及しつつあるが，紙に印刷した場合と液晶ディスプレーで見た場合とでは，同じ字体・同じサイズの文字であっても，児童にとっては必ずしも同じように見えるとは限らない。同じ物語をタブレットで読む場合と電子ブック・リーダーで読む場合では読みやすさが異なることがある。ある程度調整は可能であるが，できるだけ眼にやさしい方式を選ぶべきである。
- 物語の場合も，テキストと挿絵の役割をよく考えて，児童の反応に留意したいものである。児童は必ずしも写真のような正確さを求めていない。大人が「かっこいい」と思う絵を児童が必ずしも好むわけではない。児童はどう感じているか，時々，聞いてみると，意外に異なる場合がある。

2. 日本のリテラシー

　リテラシーは，最近では「コンピュータ・リテラシー」，「情報リテラシー」などと，リテラシーという語の前にくるジャンルについての理解・応用力を意味するようになったが，もともとは読み書き（特に読む）能力のことであった。明治以前に日本を訪れた外国人は，日本人の識字率の高さにみな驚いている。それは江戸時代には寺子屋で一般庶民も基本的な文字表現を覚える機会があったからで，それが明治時代の発展につながっていると言われる。確実な記録の残る近江国神埼郡北庄村（現滋賀県東近江市）にあった寺子屋の例では，入門者の名簿と人口の比率から，幕末の頃，村民の91%が寺子屋に入門したと推定される。明治10年に滋賀県で実施された調査で「6歳以上で自己の姓名を記し得る者」の比率は「男子89% 女子39%」であったという記録がそれを裏づけている (wikipedia, 2010)。

　リテラシーの量的調査では，一定の学年あるいは一定の年齢以上の者を対象に識字に関する標準テストを実施することになる。この調査方法の限界は，社会的・人間的環境が異なると，学年あるいは年齢が同じであっても，測定結果が同じ数値にはならない場合があることである。家庭環境，学習環境の影響も

無視できないということである。

　質的調査には，機能的 (functional) な面と人間性的 (humanistic) な面がある。前もって決められた環境（例えば社会や経済に関すること，人種，ジェンダー等の環境構成要素）がリテラシーに影響を与える場合は前者の例であり，具体的には，市役所での住民登録や友達への手紙，求人広告に応募する書類，機械の操作説明書などであり，通常，学校や研修で学ぶことができるものである。

　後者は「自分が実力を発揮できる環境」での自分の姿を読み書き能力を活用して理解できる場合で，前者と違い，他者から与えられる（指導される）のではなく，自分で自分に合ったリテラシーのレベルや環境を見つけ出す場合である。

　上記の事情は，リテラシーが単なる読み書きができるかという次元から，日常生活の場に組み込まれている読み書きの社会的慣習へと変化してきているのであり，相手により，場所により表現の仕方は異なるもので，決して固定されたものではない。自分の仕事や用務によって変化するものである。それを知り，それに備えることがリテラシーの学習である。最近，我が国の教育カリキュラムにも，自分で履修科目を選択し，自分の潜在能力を自ら見つけ出すことを重要視している。学びは最終的には自分の責任で行うものであり，教師や教育機関は生徒の学習を手助けするものである。

3. 日本の英語教育で忘れられてきたもの

　昔の話になるが，幕末から明治時代にかけて，日本に高等教育の種を蒔いたのは明治政府に雇われた外国人教師であった。各藩から選りすぐりのエリート達がその教育を受け，新渡戸稲造，内村鑑三，岡倉天心などが育った。それぞれ自分の専門能力を高めると共に『武士道』（新渡戸），『余は如何にしてキリスト教徒となりしか』（内村），『茶の本』（岡倉）を英語で出版し，外国人に日本の精神，宗教，文化を知る窓を開いてくれた。しかし，日本の教育制度が次第に充実し，日本人が高等教育機関の教師となり，日本語が授業言語となるにつれて，英語，フランス語，ドイツ語などが上級学校への入学者選抜の手段と

なり，その点数を上げることが目的化するにつれて，外国語本来の学習目的（それを通して新しい学問や知識を身につけ，それを通して日本の（あるいは日本人の）文化や研究・意見を発信すること）をどこかに忘れてきてしまった気がする。現在は，入試から国際コミュニケーションへと，その名称は改善されたような印象を与えるが，学習者は外国語を覚える喜びを本当に感じているのであろうか？ 今こそ読み書きの原点である「読む喜び，書く喜び」を子どもたちや生徒に感じてもらう，知ってもらう方向にハンドルを切り替える時期ではないだろうか？

4. 成人へのリテラシー教育

　成人へのリテラシー教育は外国でも未だ研究が不十分である。成人に達するまでに，いろいろな篩(ふるい)にかけられて，その結果が適切かどうかは別として，個人に貼られたラベルを社会的に認知されたかのように受け止めて，疑問を感じない人が多いからではないだろうか。日本の英語教育に関しても，ある種のテストの成績が即「英語力」と見なされて受験者が序列化されているが，学習者が自ら感じる必要性や興味関心に促されて，自分の目的や責任において学習を継続できる人に育てるのが語学教育ではないだろうか。

　日本でも近年，大学レベルでのリメディアル教育に関心が寄せられているが，大学入学まで適切な recovery の機会を与えられずに放っておかれた学生への対応策としては遅すぎるのではないだろうか。

　「小・中」，「中・高」，「高・大」と三つの大きな節目までに，それぞれの段階で必要なリテラシーの診断と治療を系統的に施す必要がある。そのための研究を関連領域の叡知を結集して行なうことが重要であろう。

第10章

Literacyに関する対立概念

　人間の頭脳は本来，大変柔軟性に富んでおり，特定の理論的枠組みやルールを軽々と越えていくことも珍しくない。特定の指導法を金科玉条的に用いることの危険性もそこにある。柔軟な頭脳を型枠にはめ込んで，自ら伸びようとする生徒を押さえつける結果になるからである。そこで，本章では先ず，リテラシーに関する考え方を整理し，次に，それぞれの考え方が実践の場でどのような効果を上げているかについて，ここでは主として早期英語教育に関連のあるものを取り上げて，調べてみることにする。

1. リテラシーの概念と研究のアプローチ

　リテラシーの広義の概念は「社会的なプロセスであり，人間が生まれ成長する環境内のリテラシー慣例にさらされながら身につけるものであるから，その社会的文化的コンテキストから切り離すことはできない」ということである。一方，狭義の概念は「読み書き能力」であり，書かれた文章を読んだり，話したことを書いたりすることで，通常，習慣的・常識的なとらえ方である (de Lemos, 2002)。

　広義の考え方に立つと，リテラシーの研究は，異なった環境におけるリテラシーの習慣とか異なった社会的目的に使われるリテラシーの姿を明らかにすることである。研究方法は必然的に民俗学あるいはケーススタディ的なアプローチを中心とする記述的研究になる。例えば，学習者と環境（家庭，地域社会，学校など）との間でどのようなインタラクションがあるのかを詳細に記述する

ような場合である。

　狭義の考え方に立つと，リテラシーは実質的に読み書き能力であり，その能力はどのような処理能力であるか，また，どのように発展するのかを明らかにすることである。例えば，読み書き能力の習得を支える特定のプロセス並びにそのプロセスを増進させる特定の指導法を明らかにすることになる。これは教育の場で非常に重要なリテラシーの側面であり，学校の読み書きに関する特別な責任を示すことになる (ibid.)。

　日本では寺子屋が庶民の教育機関として，算盤（そろばん）の他に手習いを通して読み書き能力を高めたことで有名であり，古いものでは室町時代にさかのぼるが，広く普及したのは江戸時代中期以降である。国際的に見てもこれは早い方で，前章で述べたように，当時，日本に滞在した外国人も一般庶民の識字率の高さに驚いている。

　国際的に見ると，国によって様々であるが，広く一般市民の読み書き能力に行政の目が向けられるようになったのは 18 世紀になってからで，文献によれば (Vail, 1911)，1–2 年は単語の綴り字と発音の指導に適した物語，3 年以上はいろいろな材料からなる読本で構成されている McGuffey Readers が用いられた。

　20 世紀初頭になると，進歩的教育運動 (Progressive Education Movement) と呼ばれる動きがあって，子どもの興味に加えて難しい発音や特定の読解スキルを取り入れた初級読本が当時の学問的成果を取り入れたが，それ以前の伝統的な方式に対抗する意図で progressive という用語を用いたのであり，現在では，真に教育的な運動というよりは政治的な運動として記されている (Wallace, 2009)。

　当時用いられた指導法は (whole) word method と呼ばれ，かなりの語数をユニットとして丸暗記で覚えさせるもので，単語内の綴りの分析はそれが終わってからの学習事項とされた。1930 年代から 1940 年代にかけて the new method と呼ばれていたが，後に the word method と呼ばれるようになり，さらにその後，the look-and-say method と呼ばれた。全体としてすぐ認知される単語は「一瞥語」(sight words) あるいは識別語彙 (recognition vocabulary) と呼ばれ，単語を綴りに分析しないで，全体として教える。そういう語彙のリストを一瞥語彙表（sight word list）と言う。

2. Phonics 対 Whole Language

　Phonics (method) と whole language (approach) はまったく正反対の指導理念であると受け取る読者が多いのではないだろうか？確かにそのような印象を与えるかもしれない。しかし，両者は必ずしもすべてにおいて相反するわけではないし，両者をバランスよく取り入れて授業をしている海外の教師も（著者の限られた授業観察内ではあるが）散見する。この誤解されやすい理念をもう一度吟味してみよう。冒頭の行で括弧内にそれぞれ method と approach を補ったのは，そのようにしている応用言語学辞典があることと，両者を比較する場合は特に，対応する概念として整理しないと論理がかみ合わなくなる心配があるからである。フォニックス (phonics) には analytic phonics と whole word phonics という二つのアプローチがある。Analytic phonics は，単語全体から単語構成要素へと学習を進めるもので，生徒はまず，重要な sight words を覚え，それから phonics のルールを学び，それを応用して語彙を学ぶ。一方，Whole word phonics は，単語を構成する文字（群）とその音との関係を，他の whole word と比較対照して学ぶ方法である。

　本家本元の英米においても，phonics も whole language も相互に批判と復活の歴史を経てきた。Phonics が考案されたのは 19 世紀半ばで，1898 年，Nellie Dale が開発した phonics プログラムが英米で有名になった。1900 年代になって，読みに関するいろいろな教材が誕生し，1992 年にはもっと多くの phonics ルールを取り入れたカリキュラムができたが，1997 年 Bonnie Macmillan が『子どもたちは何故読めないのか』を刊行したことからも分かるように，読みの指導が必ずしもうまくいっていたわけではない。

　英国では 1999 年に OES (Office of Education and Skills) が教師向けのフォニックス教材を出しているが，学力を評価する立場の Ofsted (Office for Standards in Education) は，2001 年，「フォニックスの指導は弱い」と言っている。しかし，一方，Gloucestershire 州の小学校における 6 年間にわたる研究では，フォニックスが男子児童の成績をかなり伸ばしたという結果になっている (Synthetic Phonics, 2010) という報告もあり，評価が分かれている。

　一方，whole language approach も似たような紆余曲折を経ている。まず

「whole language という用語は聴解仮説 (Comprehension Hypothesis) を指す」という定義 (Smith, 1978) から，やがて「読むことを覚えるのは読むことによってであり，リテラシーの他の側面は有意味な読解の結果である」というように時代と共に変化している (Goodman & Smith, 1987)。しかし，それ以外の定義もいろいろあって，中には聴解仮説と反対の概念もある。ロスアンゼルス・タイムズの記者 Richard Colvin は whole language method を批判して次のように書いている。ここでは approach と method は区別なく用いられている。

「whole language method で教えられる子どもたちのフラストレーションは，1年生の顔を見れば明らかである」とロスアンゼルス・クレンショー地区ハイドパーク小学校の教師 Tammy Hunter-Weathers は言っている。文字も発音も知らないのにテキストを読むように言われて「子どもたちが泣いていた」という。「1ページに段落が三つあるテキストを指して，子どもたちは"これをどうすればいいの"と言うのよ。」

この記事を見て Krashen (1999) は「これは whole language method の聴解仮説ではない。聴解仮説に基づいた練習なら，面白く理解可能なテキストに焦点を当てるであろう。教師の役割は子どもたちの理解を助けることなのだから」と述べている。

これまで述べてきたことを両者の特徴を元に整理してみよう。

Phonics approach	Whole language approach
行動主義	認知主義
教師中心	学習者中心
内容伝達方式	体験型コミュニケーション
音声・スキルを強調	意味を強調

日本の早期英語教育においてフォニックスについて賛否両論がある。これは欧米でも同じである。欧米では structural (analytic) approach と whole language approach の対立概念がよく知られている。フォニックスは前者に属する指導技術である。Whole language approach は「ことば」を語彙，音声，文法などの構成要素に分けないで'丸ごと'(as a whole entity) 与えて指導すべきであるという考え方である。平易に書けば，whole language approach は全体から部分へ (from whole to part) という順序で教えるのに対し，analytic approach は部分から全体へ (from part to whole) ということになる。

3. Phonics 対 Whole Language の検証

　両者の対立概念は，一見，分かりやすいという印象を与えるかもしれないが，実際はそう簡単ではない。外見的な分かりやすさに反して，細部に踏み込んで考えようとすると，必ずしも明快ではなく，人によって異なる解釈を生み出す漠とした一面がある。そのせいか，両者の厳密な比較研究はきわめて少ない。その少ない例の一つに，オーストラリアのビクトリア州のパイロット研究 (de Lemos, 2002) がある。研究の意図が混合クラス (multiage grouping) の影響を調べることであるだけに，実験群は混合年齢のクラス，統制群は圧倒的に単一年齢のクラスになっている。

問 1:（私立小学校 2 年生の教員 272 名に対して）
　　「リテラシーの指導について，あなたは whole language approach に基づいていますか，それとも structured approach に基づいていますか？

表 1　教師の指導法 (N=272)

Approach	%
Whole Language Approach	77
Mixed Approach (MX)	12
Structured Approach	6

表1-1　WLAを選んだ教師群（実験群 vs. 統制群）

教師群	%
実験群	87
統制群	64

表1-2　MXを選んだ教師群（実験群 vs. 統制群）

教師群	%
実験群	3
統制群	9

問2:「あなたはphonicsを使って指導していますか?」

表2　Phonicsの使用

使用形態	%
必要に応じて使用	22
指導の一環として使用	27

表2-1　Phonicsを使用しない教師群（実験群 vs. 統制群）

教師群	%
実験群	70
統制群	36

4. 二つのアプローチの学習への影響

　リテラシーの二大アプローチは，学習者にとってどちらがより効果があるのだろうか．前節で述べた二つの質問に対する教師の反応に基づき，学校をwhole language approach（以下WLAと略す）派とstructured approach（以下

SA と略す）派に分けて，WLA を採用している学校と SA を採用している学校とを比較した研究をみてみよう。WLA 群は，結論から言えば，初期リテラシー教育の 1 年目ではほとんど差がなかった。WLA 群の方が AGS Early Screening Profiles という診断テストの語学部門 (Language Profiles) で，SA 群よりわずかに高かったが，効果サイズが -.12 であるから，効果サイズ算出方法の一つである Cohen's d の分類では「効果は小さい」と解釈される。また，SA 群は教師によるリーディング評価において WLA 群より高かった（効果サイズ = -0.7 で効果は Medium「中程度」）。しかし，3 年時および 4 年時に実施された読解の標準テストの結果では，SA 群の方が高い得点になっている（効果サイズは 0.38〈2 年生〉と 0.3〈3 年生〉で，効果は Small「小程度」）となるでしょうか。ただし，筆者が基づいた資料 (de Lemos, 2002) は Literature Reviews なので，統計処理の詳細についての説明は省略され，結果のみの記載になっている。

5. Phonemic Awareness

　Byrne and Fielding-Barney (1998a) の研究では，preschool 4 校の児童がランダムに 2 群に分けられ，実験群 (N=64) は Sound Foundations Program (1991b) による phonemic awareness（音素への気づき）の訓練を受けた。一方，統制群 (N=62) は同じ教材を同じ期間使用したが，phonemic awareness の訓練ではなく，教材にある品物を形，色，動物かどうか，食べられるかどうか等に分類する訓練を受けた。なお，上記プログラムは，Sound Foundations に関する研究の結果，米国文部省傘下の Institute of Education Sciences の証拠基準 (evidence standards) に合致していると認定されている。以下にその概要を記す。
　Sound Foundations は 1980 年代に開発され，それに関する最初の研究刊行物は Byrne and Fielding-Barney (1991b) である。Sound Foundations で強調されているのは次の 7 つの子音と 2 つの母音である。
Consonants:　/s/, /ʃ/, /l/, /m/, /p/, /g/, /k/
Vowels:　/æ/, /e/
　各子音の導入には，その音素で始まる語彙の絵とその音素で終わる語彙の絵

を用いたポスターを使う。例：/s/ の場合 sea, sailor, sand; bus, octopus, hippopotamus)。

　2つの母音の導入には，その母音で始まる語彙に限定したポスターを使う。ワークシートには9つの音素を表す絵（線画）と文字，並びにアルファベットの文字が入っている。また，/s/, /p/, /t/, /l/ の訓練用に，カードの両面に2つの物体を描いたドミノというカードゲームと両面に1つの物体を描いたスナップというカードゲームも用意されている。

6. Phonemic Awareness の検証

　Sound Foundations の訓練前に受けた検査では，統制群が PPVT (=Peabody Picture Vocabulary Test) 並びによく見かける看板・標識の認知において優勢であったが（効果サイズはそれぞれ −.10, −.08)，実験群は音韻タスクと音に対応する文字の認知においてわずかに優勢であった（効果サイズはそれぞれ 0.14, 0.16）。Clay (2007) の CONCEPTS ABOUT PRINT の検査では両群間に差はなかった。

　上記の訓練を受けてどのように変容したのであろうか。全体としては，実験群が統制群を上回った (phonemic awareness〈具体的には音素認知と音素脱落の項目〉において，それぞれ効果サイズが 0.43, 0.39)。個々に見ていくと，最初の学年（幼稚園）の終了時に，音素への気づき，アルファベットの知識，語彙認知，疑似語彙認識，綴り字に関する検査を受けた結果，実験群が次の2項目において統制群より上回った。一つは phonemic awareness（効果サイズ：音素認知 <0.81> および音素脱落 <0.71>)，もう一つは疑似語彙認識（効果サイズ 1.1）であった。実験群は語彙認識並びに綴りにおいても統制群より高い数値になったが（効果サイズはそれぞれ 0.18, 0.29)，統計的有意差は出なかった。また，アルファベットの知識においては両群間に差はなかった。

　これまでの分析はオーストラリア政府機関の研究所が行ったものであるが，アメリカ文部省傘下の WWC も Early Intervention に関する研究論文を分析している。そして Byrne and Fielding-Barney (1991b) の分析結果を WWC の基準

に照らして，有意差があるという結論を追認している。

7. National Reading Panel

The Snow et al. report (1998) によると，読みの指導に関する調査研究の結果を評価する米国下院議会調査委員会 (National Reading Panel) は 1966 年以後に発表された合計 10 万の研究並びにそれ以前に発表された 15000 の研究を分析し，リテラシー研究の主な研究対象について下記のような評価結果をまとめた。

・Phonemic awareness
　　音素を明確かつ系統的に教えることは，読みや綴りの能力をかなり改善する（効果サイズ：音素認知 0.86；読解 0.53；綴り 0.59）。これは関連する 52 の研究の比較による。調査委員会の結論は「授業内の読みの指導における重要な要素にすべきである」となっている。

・Phonic instruction
　　体系的フォニックス (systematic phonics) の指導は，体系的な指導あるいはフォニックスの指導なしのグループ〈効果サイズ：0.34〉に比べて，幼稚園から小学校 6 年生の児童並びに読みに難のある児童に対してかなり効果がある（効果サイズ：0.44）。これは 38 の研究における 66 の比較データに基づくものである。リーディングにおける最大の改善は統合的フォニックス (synthetic phonics) の指導と関連していることが分かった（効果サイズ：0.45）。この指導では文字から音素へ，複数の音素から語へ，という指導が中心になっている。他の体系的な指導を用いたり，特定の指導法を明示していないプログラムで指導したグループでは 0.27 の効果サイズであった。
　　また，社会経済的地位の高い家庭の児童に比べて低い家庭の児童の場合，かなりの効果があった（効果サイズ：0.66 vs. 0.44）。また，危険レベル (at risk) と判断された児童にとってより効果があった（幼稚園段階で

0.58，1年生段階で 0.74)。さらに綴りの能力に関しては幼稚園・小学1年生 (0.67) の方が小学2-6年生 (0.09) より効果が大であった。

調査委員会の結論は「体系的なフォニックスの指導は日々の授業の一部にすべきである。ただし，児童のフォニックスの技能は個人差があるので，すべての児童に同じ方法でフォニックスの指導をするのではなく，教師は多様な指導技術を習得して学習者のニーズに対応できるようにしなければならない」であった。

・Oral reading

　ガイドつき音読 (guided oral reading) は，教師，親あるいは級友に向かって音読することであるが，読みの流暢さを伸ばすのに重要である（平均の重みづけ効果サイズ：0.41）。一番大きな効果は読みの正確さに関するもので（平均効果サイズ：0.55），次いで読みの流暢さ（平均効果サイズ：0.44），読解（平均効果サイズ：0.35）の順となっている。しかしながら，効果サイズは 0.05 から 1.48 と幅があり，標本の大きさもかなり様々である。ガイドつきリーディングの効果に関する研究には質や研究デザインにおいてかなりの幅があり，転移したデータあるいは統制のデータのない場合が多い。

・Silent reading

　黙読について調査委員会は読みの流暢さを伸ばすのに効果があるかどうかを決めることができなかった。上手な読み手は（下手な読み手より）黙読を多くやっているという研究はたくさんあるが，これらの研究は，個々の黙読が読解技能を伸ばすのか，それとも上手な読み手が（下手な読み手より）単に黙読が好きということなのか，証明するまでに至っていない。授業の技術として黙読をやってはいけないとは言わないが，調査委員会は，黙読は他の読みの指導（例えばガイドつき音読）と併用することを薦めている。

・Vocabulary instruction

　語彙指導について，調査委員会は最良の指導法を明らかにすることはできなかったので，語彙の指導には直接的なものと間接的なものを併用することを薦める。即ち，反復練習および語彙の多様なインプット，さらには

ICT などの活用を併せて用いるべきである。

・Reading comprehension

　　　文章の読解については，生徒にいろいろな指導技術を用いて指導し，情報想起，質問生成，情報の要約のための体系的なストラテジーを用いるのがよい。教師は各ストラテジーを教えるタイミングや方法を習得できるような訓練を受ける必要がある。

・Teacher training

　　　新採用教員やベテラン教員を訓練することが，一般的に生徒の成績を向上させるという研究結果があることに調査委員会は気づいているが，何が訓練を最も効果的にするのかについては明確な結論を引き出せる証拠は出ていない。教員研修に関するより質の高い研究が，目下，最も必要な研究の一つであると調査委員会は考えている。

・Computers and reading

　　　ICT については確実な結論を引き出せるような研究は非常に少ないというのが調査委員会の結論であるが，入手可能な情報 (de Lemos, ibid.) では読みの指導に ICT を使える可能性を示している。ハイパーテキストの利用はその一例として注目されている。

第11章

Reading Recovery から得られる示唆

　母語教育においても外国語教育においても，言葉の習得過程には共通点があるという本書の基本理念に基づき，RR プログラムの指導方法と RR 教員研修の在り方から，日本の小学校における英語指導法へ示唆が得られると考える。また前章でも述べたように，ニュージーランドで開発された RR プログラムの言語指導の基本理念と指導手順は，その後，英語圏の他の国々で母語としての英語習得だけでなく他の言語の習得プログラムにも活用され成果が出ていることからも，日本の小学校英語指導にも役立つと考えられる。この章では，RR プログラムの指導理念から引き出された下記の6つの指針について，それらが日本の小学校英語の指導へどのように反映させることができるかを論ずることにする。

1. 文脈 (Context) と社会的交流 (Social Interaction) の重要性

　児童の生活の中で，言葉は単なる一塊の語の集合体ではなく，話す場合にも書く場合にも常に談話 (discourse) として存在する。RR プログラムの読み書き訓練でも必ず文脈 (context) の中で学習することが基本となっている。読みの指導の際は，児童が自宅で読んできた，各頁に挿絵の入ったテキストを2,3冊読むことから始めるのだが，RR 教員は，音，文字，意味の関係が分かっているかどうかを見る。分からない場合は，挿絵や知っていると思われる語に注目させて，意味を推測させる。これらのテキストの中には，訓練用のテキスト (instructional text) が含まれており，RR 教員は児童がそのテキストを読んでい

る間は，prompts（児童のテキスト理解を助けるために，児童がテキストを読んでいる最中に，RR教員が即興的に投げ込む質問やコメントを意味する）は与えず，児童が自力でどこまでしっかり理解しながら読めるかを観察するのである。RRの訓練目標の1つに，与えられた文脈や知っている語や句を使って，問題解決能力 (problem-solving ability) を養成するというものがあり，文脈の力を活用してテキストを理解していくことが大切であると考えられている。読んでいる間に躓いた語句の意味や文法構造を理解していないなどの問題が見つかった場合は，集中して指導をし，躓きの原因を取り除く。

　書く訓練の場合も，ライティングのための問題集やテキストがあるわけではなく，RR教員は児童の日常生活で起こっていること，知っていること，家族や友達が関係している出来事などを児童との会話を通して引き出し，様々な出来事に気づかせ，それを文字で表現するよう指導している。このように文脈の中で言葉をとらえ，RR教員との話し合いを通して周りのことや児童が感じていることに気づかせ，読み書きに躓いた児童の言葉の能力を回復することができると考えられている。

　文脈と言語習得の関係ということを，Cummins (1989) は次のように理論的に説明している。文脈が十分与えられている状況でのコミュニケーション (context embedded communication) では，相手の理解を助けるために詳細で明瞭な説明は必要とされないが，文脈が十分与えられていない状況でのコミュニケーション (context reduced communication) では，相手の理解を助けるために明瞭な言葉を使った説明が必要となる。つまり，通常の相互理解には文脈や状況が大いに力を発揮しているわけであり，言語習得過程においてもその力を最大限に活用することによって児童の能力回復が可能となるわけである。

　さらに，RRの訓練では，RR教員と児童とのコミュニケーション (social interaction) が十分行われていることが分かる。先に述べたようにpromptsを与え，質問するなどして，児童の言葉の理解と問題解決能力を高めるように指導している。Krashen (1982) は，言語は，学習者が理解可能なインプット (comprehensible input) を与えられることにより習得されると主張している。子どもの言語発達研究で有名なVygotskyは，コミュニケーションする人同士が言葉を共有し社会的交流をする重要性を強調している。彼の考え方によると，言語学

習をしている児童よりも知識のある人 (knowledgeable others) と交流することにより，言葉の理解力が向上し思考も発達するとしている。また，Zone of Proximal Development (ZPD) という概念を提示し，児童の思考と言語の成長では，例えば大人の助けを借りて理解できたことは，その後，大人の助けを借りなくてもできるようになるという見方をした。Piaget は，社会的交流とそこで使われる言葉の重要性に言及し，元来，子どもは自己中心的な考え方 (an egocentric point of view) をするが，言葉を使いながら人と交流をすることにより客観的に物事をとらえることができるようになると説明している。RR の指導方法は，これらの理論にも立脚しており，日本の小学校英語の指導法へも重要な示唆を与えている。

2. 既知から未知への橋渡し

RR プログラムでは，reading 指導においても writing 指導においても，与えられた状況の中で，それぞれの語がどのように使われているかを理解することが重要であるとしている。その状況はしばしば学習者を取り巻く環境（学校生活や家族との生活）に関連した内容であることが望ましい。RR の writing 活動では，教員は児童に，児童自身が知っていること，今日または最近起きた出来事を書かせるようにしている。言語習得は意味を理解する過程 (making-meaning process) であると Clay を始め多くの教育者が唱えているが，この過程では，学習者が自分の個人的経験 (personalized knowledge) および構造化された知識 (schema) を引き出し，言葉を媒介としてそれらを表現し，さらに新しい経験へとつなげていくことが期待される。特に個人的経験を関連づけさせる指導は，学習者の意見，考え，感情に注目し，これらの価値を認めるわけであるから，彼らに自信を持たせることができ，さらに学習意欲を高めることが可能になる (Griffiths and Keohane, 2000, p. 1)。

3. 社会・心理的過程としての言語学習

　Freeman and Freeman (1992) によると，学習者と社会の間には常に緊張があり，教員の役目は，授業の中でこの緊張した関係のバランスをとることであるという。児童は，生活の中で様々なことに注意を向け，意味を見出しながら，学習をしていく。時として児童が考えたこと，理解したことが，社会で受け入れられないことがあり，その都度，児童は自分の考えが社会で通用するものであるかどうか確認する必要がある。そして，周りの大人は，その確認作業を助けることになるのだが，学校生活の中では，教員がその役割を担っているというわけである。そのような児童の認知的成長過程の中で，言葉は児童や教員が自己の考えを他者と共有するために重要な手段となる。そして児童は，教員を始め周囲の人間との交流を通して，社会習慣や規範だけでなく言葉を学んで行く。このように考えていくと，児童の言葉の学習過程は，周囲との交流を通しているという点で Social であり，児童は常に自分が知っていることや感じていることを周囲と共有しながら，様々な事柄の意味を理解し自分の考えを構築していく (meaning-making) という点で psycho- であり，言語は，それらのプロセスの中で重要な手段となるという点で linguistic プロセスなのである (Harste, Woodward, and Burke, 1983)。言語学習は，母語であれ外国語であれ，社会心理言語学的過程 (Socio-psycholinguistic process) なのである。教員との交流を通して，児童の既知知識を基に読み書き能力を回復していくという RR の指導は，まさしく言語学習は社会心理言語学的過程であるという考え方に支えられていると言える。

4. Top-Down 的指導と Bottom-Up 的指導の必要性

　ここでは，コンテクスト（文脈，状況）の理解から行なう top-down 的指導と音素，文字，文構造の理解から指導する bottom-up 的指導の両方が日本の小学生の英語習得を助けることについて説明する。top-down 的指導のうち授業外での多読活動は特に重要である。RR では，実際の授業で児童が読む本の他，

RR 訓練の一環として，自宅で読むための本が数冊ある。RR におけるこの多読活動は，流暢さだけを目的にしておらず，言語習得の 2 大支柱である fluency（流暢さ）と accuracy（正確さ）の両方を養うために役立つ。児童は，RR 訓練で学んだ言葉の知識（音素，文字と音と意味の一致，句，文についての知識）とスキル（話すように読む）に基づき，内容理解を目的として読み進めるからである。日本の早期英語教育の場合，指導のそれぞれの段階にどんなテキストを入れ，どのような指導をして行くべきか考える必要がある。RR 訓練の初期段階で使われているテキストは，写真入りで文字も大きく，日常生活によくある光景を紹介する題材が多い。下記はその例で，テキストの題名は，"Look at me, (pp. 1–2)" である。

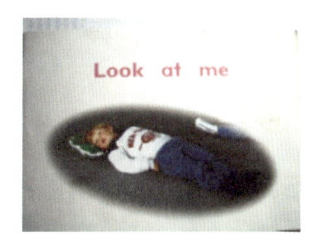

リテラシーは，人間の活動と環境との相互作用によって身についていくという考えにもあるように，まず児童の身近にある光景や出来事が英語で表現されているテキストを読ませることが大切である。また，日本における英語教育は，EFL（外国語）教育であるため，英語による input の量が少ない。授業時間内の活動に生活環境図 (environmental prints) や視覚教材を活用するなどして，生活環境や児童の経験に基づいたタスクを用意し，英語という言語の理解を助けるべきである。

一方，英語の習得のためには，top-down 的指導と同時に bottom-up 的指導も行われるべきである。特に，音素や音の理解，音と綴りと意味のつながりの理解，単語および句の意味，語順の理解を助ける活動が必要なのである。アルファベット文字と音の関係は一定の規則によって説明できるとは限らない。またアルファベット文字 1 つ 1 つには特別な意味がなく，それらがつながって 1 つの語となり初めて何らかの意味を表すのである。中期英語時代のフランス語か

ら入ってきた大量の借入語が引き起こした大きな変化や大母音推移現象により，英語は綴り字と音が一致していないという厄介な言語になってしまったため，つくりや偏からその意味を推測できる漢字文化の日本語を母語とする児童にとって，アルファベット文字の連鎖により形成された語がどのような音となりどんな意味になるのかを正確に理解することは，かなり難しいことである。さらに，日本の児童は，小学校 4 年生のときに訓令式ローマ字（「たちつてと」を "ta ti tu te to" と表す）を学び，その後でヘボン式ローマ字（「たちつてと」を "ta chi tsu te to" と表す）を学ぶ。いわゆるこの［子音＋母音］または［子音＋子音＋母音］の組み合わせでできているローマ字が英語の音と綴りの関係の理解を難しくしている。例えば，音声の違いを理解させるために，pet と pat では，/pet/ と /pæt/ というように真ん中の音が違い，それにより意味の異なった単語になっていることを教える。また，blow と know は両方とも /ou/ と発音するが，now となると同じ綴りの o でも /au/ という音になる。日本の児童には，このような音素レベルの訓練から綴り字と音と意味の関係を理解させる必要がある。

　このように日本の早期英語教育でも英語の習得のために top-down 的指導と bottom-up 的指導の両方を行なうことにより，語の音，綴り，意味の関係の理解に基づいた実践的コミュニケーション能力の養成が可能になり，コミュニケーション能力の素地を身につけることになると考えられる。

5. 音声言語と読み書き能力をつなぐ音素教育

　話し言葉と読み書き言葉の関わりは言うまでもなく密接である。児童は，始め音声言語により言葉の意味を理解していくが，文字との出会いから，何か話し言葉以外の表現方法（例えば，文字のつもりで書いた図や絵のような物）によって自分で表現したいことを表すことを学び，書き言葉を意識するようになるにつれて，語が音と文字の連鎖から意味を表すことを学びながら，習得しようとする言語体系について理解を深めていくのである。Clay が emergent literacy という考え方の中で説明しているように，就学前に児童は，既に周囲

に起きている事や，周りの人々が話している言葉の意味を状況や自分の経験を基に理解していくのだが，その過程で身につける言語習得ストラテジーは，小学校に入学し文字を習うと，文字を使って言葉の意味を理解するために使われるようになる。

　日本語を母語とする児童と英語を母語とする児童は，文を読んでいるときに知らない言葉に出会った場合は，どのようにしてその意味を解読するのだろうか。日本の児童の場合は，漢字に仮名が振られていれば，その言葉が聞き慣れない，または見慣れない言葉であっても読むことができ，普段の会話から得た知識を利用するなどして，その意味を解読することができる。また，漢字はその構造自体に意味を含んでいる場合があるので，児童はその知識からも意味を推測することができる。

　一方，英語を母語とする児童は，英語で知らない言葉に出会ったときに，音声コードを使って解読するかもしれない。しかし英語の場合は，単語のそれぞれのアルファベットの音が分かっても，それらの音には意味はなく，それらの音が連続して発音または綴られることによって意味をなすということを理解しなければならない。英語を母語とする児童は，知らない言葉の発音の仕方や意味を理解しようとするとき，しばしば知っている語との類似性 (analogy) を頼りにする (Goswami and Bryant, 1990)。現在，RR プログラムの指導の中でも児童に知らない英単語の意味や読みを教える際に，この類似性に気づかせるという指導テクニックを使っている。例えば，"Do you know the word 'brown'? This cow is brown. 'Cow' and 'brown' have the same spelling 'ow' and should be pronounced as /au/." といった具合に，知っている言葉とつなげながら新出語を教えて行くのである。しかし後で 'know' という単語がテキストの中に出てくると " 'know' and 'cow' have the same spelling 'ow', but they are pronounced in a different way. In 'know' 'ow' is pronounced as /ou/, while in 'cow', it is pronounced as /au/" というように，この類似性の知識を基に，異なる部分に注目させる指導法は，RR プログラムの核になっている。

　それでは，日本の児童が英語を習う場合どのような問題が起きるだろうか。日本では，英語のアルファベット文字がある一定のつながりを持ったときに意味をなすという音素と文字の関係について教えていないため，この類似性とい

うストラテジーを間違った方法で使ってしまい，正しく理解できないことが多い。つまり，日本では，小学校4年時にローマ字を習い，「子音＋母音」のパターンでどんな日本語でもローマ字で表現することができることを学ぶ。また，日常生活では，日本語的な発音になった英単語や表現が蔓延している。音素を始めとして音，文字および意味の関係を学習しない場合は，日本の小学生は，ローマ字や日本語化した英語表現などをそのまま英語であると認識し，それらとの類似性から英単語や英語で書かれた文の意味を推測をしながら，英語で書き，意味を理解しようとする。しかし，これらは，英語に躓く原因となる。英語を学習する際に，日本の小学生は，英語の音素を始め，それを表す文字と意味の関係について理解することが将来の英語の習得につながるのである。

6. 異文化理解としての外国語学習

　日本の小学校英語の目標は，小学校学習指導要領にも記載されているように「言語や文化について体験的に理解を深め，積極的にコミュニケーションを図ろうとする態度の育成を図り，外国語の音声や基本的な表現に慣れ親しませながら，コミュニケーション能力の素地を養う（小学校指導要領解説, p. 7)」となっている。一方，中学校学習指導要領解説（外国語編）では，英語学習の目標は，「外国語を通じて，言語や文化に対する理解を深め，積極的にコミュニケーションを図ろうとする態度の育成を図り，聞くこと，話すこと，読むこと，書くことなどのコミュニケーション能力の基礎を養う（中学校学習指導要領解説外国語編, p. 6)」となっている。学習指導要領の詳細な分析と議論は第12章で行われるが，ここでは，この章の題に示されているように，日本の小学校英語教育の目標を念頭に置きながら，RRの指導方法から得られる日本の小学校英語指導のための方法について考察する。

　小学校英語の目標と中学校英語の目標の溝を埋めるためには，外国語学習とは何かについて問う必要がある。外国語学習は，母語とは異なる音声体系，文字体系，統語体系を始めとした言語体系と異文化理解を伴う総合的な学習である。日本語を母語とする人には豚は「ブーブー」と鳴いているように聞こえる

が，アメリカ人には"oink, oink"と聞こえるのはなぜか。日本語の母語話者は日本語の音声体系という網目の中から豚の鳴き声を聞いているため，「ブーブー」と聞こえるのであり，英語の母語話者は英語という異なる言語の音声体系という網目の中から豚の鳴き声を聞いているため"oink, oink"と聞こえるのである。文字についても同様に，日本語の母語話者は，漢字，仮名文字，外国語や音を表すカタカナを使って言葉を表し，意味を理解するが，アルファベット文字でコミュニケーションをする英語圏の人々は，一文字ごとには意味がないが，ある連続した文字の塊に一定の意味があり，文レベルでは主語の次に動詞がきて，パラグラフレベルでは，話題文，支持文，結論文という流れの中で書き手は自分の主張を読み手に伝えることになっている。異なる言語を学習するということは異なる発想，異なる言語体系を学ぶことであるため，小学校英語であれ，中学校英語であれ，言語の性質の違いを踏まえた指導内容でなければ，その言語を使ってコミュニケーションをすることができるような能力を養うことはできないのである。

　様々な言語教育関係者が唱えているように RR プログラムでも，児童は周囲からのメッセージを「聞く」ことから始め，それに「答える」という段階で培った言語ストラテジーを使って，読み書き指導を行う。外国語学習は音声から導入するのが自然であり，音の基本として音素と音声体系の理解からアルファベット文字の理解へと進む。テキストを読む活動を通して音声と文字の関係を学び，語順を学ぶための cut-up story タスク，英語で書くことによって児童自身のテキストを作成する活動という学習の道筋は，言語体系と異文化理解を伴う統合的学習を実現させる教え方であり，日本の小学校における英語指導法のモデルとして，その実践的応用は検討に値する。

第12章

学習指導要領から見た校種連携

　Reading Recovery（以下，RRと略す）の視点から日本の英語教育全体を眺めると，小学校英語活動だけでなく，いろいろな問題が浮かび上がってくる。

　まず，小学校から大学までのカリキュラムでは，各校種間の連携をどう考えるかによって，いくつか違った面が見えてくる。小学校から順にその問題について考えてみる。

1. 小学校の場合

　小学校の外国語活動に関連して，よく「小中の連携」ということが話題となる。連携という用語は国語辞典では「お互いにつながること」「他と密接な関連をもつこと」となっているが，「つながる」というのはどんな関係なのか，「密接な関連」とはどんな状態なのか，今一つ，イメージがはっきりしない。文部科学省の見解では，小中連携のステップは，第一段階（準備段階）として「情報交換・交流」が必要であり，第二段階（本格的な連携）として，① 目標の一貫性，② 学習内容の系統性，③ 指導法の継続性を挙げている。

　現在実施されている小学校外国語活動が，上記 ①～③ において外国語活動として非常によいものであれば，そのよいところを中学校ではしっかり受け止めて継続すべきである，という解釈になるが，逆に，質的・量的にいろいろ問題があれば，中学校ではそのことを踏まえて中学校1年生の1学期に，必要な補習をきちんとやってもらいたい，という解釈も成り立つ。文部科学省の見解では，「小学校の外国語活動の成果は数値で表されにくい」ので，「その成果は

中学校で本格的に英語学習を始めた際に大きく花開く」という。しかし，カリキュラムとしては，小学校の学習の成果は，本来，小学校で確認すべきであり，中学校で大きく「開花する」というのは根拠が示されていないだけに，行政側の単なる希望あるいは責任転嫁ととられる危険性がある。

そこで，学習指導要領が外国語教育に関して小・中・高の各校種でどのような内容になっているのかを見てみよう（学習指導要領は 2012 年現在の最新版による。下線部は著者）。

① 小学校

「外国語を通じて，言語や文化について体験的に理解を深め，積極的にコミュニケーションを図ろうとする態度の育成を図り，外国語の音声や基本的な表現に慣れ親しませながら，コミュニケーション能力の素地を養う。」

To form the foundation of pupils' communication abilities through foreign languages while developing the understanding of languages and cultures through various experiences, fostering a positive attitude toward communication, and familiarizing pupils with the sounds and basic expressions of foreign languages.

② 中学校

「外国語を通じて，言語や文化に対する理解を深め，積極的にコミュニケーションを図ろうとする態度の育成を図り，聞くこと，話すこと，読むこと，書くことなどのコミュニケーション能力の基礎を養う。」

To develop students' basic communication abilities such as listening, speaking, reading and writing, deepening their understanding of language and culture and fostering a positive attitude toward communication through foreign languages.

③ 高等学校（外国語編）

「外国語を通じて，言語や文化に対する理解を深め，積極的にコミュニケーションを図ろうとする態度の育成を図り，情報や考えなどを的確に理解したり適切に伝えたりするコミュニケーション能力を養う。」

To develop students' communication abilities such as accurately understanding and appropriately conveying information, ideas, etc., deepening their understanding of language and culture, and fostering a positive attitude toward communication through foreign languages.

　上記3校種の目標を分析すると,「積極的にコミュニケーションを図ろうとする態度の育成」は3校種ともまったく同じ文言であり, 3校種に共通する内容は「外国語を通じて, 言語や文化に対する理解を深めること」で, 小学校の場合は「体験的に理解を深める」となっているので, 単に知識レベルではなく体験を通して理解を深めることになっている。コミュニケーション能力に関しては, 小学校が「素地」, 中学校が「基礎」, 高等学校は「コミュニケーション能力」そのものと段階的な表現になっている。その英訳では,「素地」がコミュニケーション能力の foundation で,「基礎」がコミュニケーション能力の basic なレベルとなっているが, 文字を「軽く触れる」程度の扱い方で本当にコミュニケーション能力の foundation が作られるのか, やはり疑問が残る。

　外国語活動の目標にあるコミュニケーション能力の「素地」とは何か。学習指導要領でみる限り, 三つの要素で成り立っている。一つは外国語（英語）を通じて深まることが期待される言語や文化について体験的な理解, 二つには外国語活動を通じて育成されることが期待される積極的にコミュニケーションを図ろうとする態度, そして最後に, 外国語の音声や基本的な表現に慣れ親しむこと, によって形成されると期待されるものである。

　学習指導要領の英訳では「慣れ親しませながら」が familiarizing pupils with~ となっている。換言すれば give (someone) knowledge or understanding of ~ あるいは make~better known or more easily grasped である（OED 2009）。「慣れ親しむ」という日本語の表現は英語の表現に比べて, より感覚的・情意的な印象を与えるので, 慣れ親しんだ結果として児童の頭脳に何が残っているのかが曖昧である。Ellis (2008) の言葉を借りれば, intuitive knowledge of L2 items that has not yet fully internalized (e.g. rules and items that have been learnt implicitly but which requires controlled processing in performance) ということになるが, 日本語で要約するならば「暗示的・直観的知識で, 自動的な言語運用はまだできないので, 定型表現などを丸暗記した状態」である。

学習指導要領の文言としては，上記三つの要素は理解できるが，中学校教員が小中連携のために活用しようとしても，小学校の2年間で三要素はそれぞれこういうレベル（あるいは状態）になっているというデータがないので，中学校教員が「具体的に扱える」状態にはなっていないのではないかという懸念がある。同一地区の小学校と中学校間で，普段から情報交換が行われていることが大切である。

　また，小学校と中学校はそれぞれ固有の教育理念と内容を持っているのだから，それをきちんと指導すれば自ずから連携が出来上がるのではないか，という考えもあるだろう。カリキュラムとは本来そうあるべきで，連携，連携と悩まなければいけないのが現実であれば，それは関連するカリキュラムに不具合あるいは欠陥があるのではないか，という不安も出てくる。中学校教員は小学校の学習指導要領をあまり読んでいないし，中学校英語の学習指導要領を読んでいる小学校教員も少ないであろうから，手っ取り早く「連携」という用語で，小・中間に橋を架ける材料や活動を集めるという狙いであろうか。いずれにしても，上記3点の中で一番問題になるのは「学習内容の系統性」であろうから，「素地」と「連携」の関連をもっと明示的に説明できるようでないと，本当に必要な橋も架けられないことになる。

2. 中学校の場合

　目標と達成度では，学習指導要領の目標と到達度の現実について考えてみよう。

　敗戦という形で第二次世界大戦が終わるまで，「教授要目」という名称であったが，1947年にアメリカの Course of Study を参考に学習指導要領が作成された。当時は「試案」であったが，1958年の改訂時から「文部省告示」となり，学習指導要領の法的拘束性と教育内容への国家的基準性が強調されるようになる。さらに，学習指導要領は「標準を定めたもの」という解釈が，やがて「学習指導要領は最低基準を定めたものである」というように変わった（2001年）。それまでも Mastery Learning の考え方が一部導入されたりしたが，授業

時数をいわば「定数」にして，どこまで完全学習ができるかという問題は依然として残ったままである。そのため，教育現場の教職員は，児童・生徒の何パーセントかは落ちこぼす事項が出てくるのは，むしろ自然だと考えている。だから正規の授業の他に何もしなくてよいという意味ではなく，だからこそ，遅れ始めた児童・生徒を回復させる方法を考えるべきであり，それを実施する教員と時間，教材への予算が必要になる。これは小学校から高校まで，学校歴に位置づけて実施できる回復の手立てを考える必要がある。

　次の図は Ellery (2011) に基づくものである。下段の Primary は Core Classroom Instruction で，通常の教室における授業である。中段の Prevention は一種の予防措置で，落ちこぼれを少なくするために早めに治療を加えるような指導で，Supplemental Instruction である。上段は，このまま回復の手立てを加えなければ完全に落ちこぼれてしまう下位層（全体の約 20%）を RR 教員の診断に基づき，学内関係者の協議の上で RR 受講生として集中訓練を必要とするかどうかを決める必要がある。

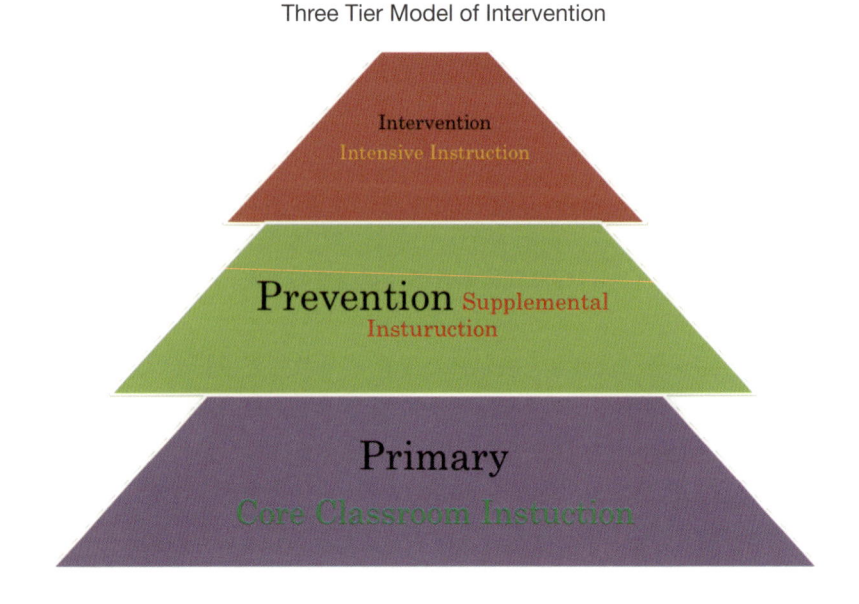

Three Tier Model of Intervention

Intervention
Intensive Instruction

Prevention Supplemental
Insturuction

Primary
Core Classroom Instuction

3. 指導法とその効果

A. NRP の調査結果

　小学校から中学校にかけての英語指導は文字通り入門期であり，それに対応した指導もいろいろ提案されている。しかし，どれが本当に指導効果があるのか，これまでははっきりした研究レポートが不足していた。そこでアメリカでは議会に委嘱された NRP (=National Reading Panel) が内外の膨大な数の論文（1966 年以前の 15,000 編の論文と 1966 年以来の 100,000 編の論文）を分析した結果，下記のような報告書を出した（詳細については pp. 112–114）。

　主な方法を簡潔に要約すると次のようになる (Langenberg, 2000):
(1) Synthetic phonics instruction は幼稚園から小学校 6 年生まで reading で有効（効果量 .45）である（Synthetic phonics とは文字から音素へ，音素から単語への変換を児童・生徒に明示的に指導することを含む指導法である）。
(2) Systematic phonics teaching も幼稚園（効果量 .56）から小学校 1 年生（効果量 .54）で有効ある。
(3) Phonemes の扱い方を体系的・明示的に児童に教えることは phonemic awareness の向上（効果量 .86），読解力（効果量 .53），綴り（効果量 .59）にも効果が認められた。
(4) 音読は reading fluency を高める（効果量 .41）。Reading accuracy についても効果がある（効果量 .55）。

B. オーストラリアでの追跡調査

　次の例はオーストラリアにおける調査結果である。実験群，統制群の数はそれぞれ 64 名，62 名とデータとしては少ないが，幼稚園から小学校高学年までの追跡結果として価値がある (Byrne and Fielding-Barnsley, 1989)

表 1

Measures	Kindergarten Experimental	Kindergarten Control	First	Primary School Year 1	Primary School Year 2	Primary School Year 3
① PPVT		-0.1				
② Naming letters		-0.04				
③ Recognition of common signs		-0.08				
④ Rhyming task	0.14					
⑤ Identification of letters	0.16					
⑥ Phonemic awareness (identity)	0.43		0.81			
⑦ Phonemic awareness (elision)	0.39		0.71			
⑧ Pseudo-word identification			1.1			
⑨ Real word identification			0.18			
⑩ Pseudo-word reading				1.27	0.98	*
⑪ Real word reading				0.67	0.67	
⑫ Reading comprehension				*	0.69	
⑬ Listening comprehension				*	0.40	

備考：Experimental Group: 64 名，Control Group: 62 名。表の数値は Effect Size。
　　* = significant

　事前調査では，表1が示すように，①～③では統制群が，④～⑦では実験群の方がよかった。幼稚園一年終了時でも⑥～⑧が示すように実験群が優位を保った。小学校1年および2年終了時でも⑩ Pseudo-word reading, ⑪ Real word reading, ⑫ Reading comprehension, ⑬ Listening comprehension における優位は変わらなかった。

　小学校3年生終了時では，⑩ Pseudo-word reading では実験群が有意でよかったが，他の項目に関しては標準偏差が書いてなかったので比較できなかった。5年生終了時では8項目中3項目で実験群が有意に優れていたが，その3項目の調査では Word Attack, Woodcock Reading Mastery Tests および Castles irregular word reading list を用いているので，幼稚園や小学校1–3年生徒との比較はない。有意差が出なかった項目は word identification, nonword and regular word reading, spelling, title recognition であるが，ここにおいても実験群の得点が高かった。

4. 高等学校の場合

　大学生の犯す英文上の誤りには，中学校英語の基本的な文型・文法事項がある。中学校，高等学校と 6 年間の間に修正あるいは回復されないまま大学に入ったのか。

　Bruner という心理学者は，「どの教科でも知的性格をそのままに保って，発達のどの段階の子どもにも効果的に教えることができる」（ブルーナー仮説）と主張し，その具体的方法としてスパイラル・カリキュラム（らせん型教育課程：基礎的概念や原理を発達段階に応じて繰り返し学ぶ：学習の順序と構造に着目）を提案した。

　高等学校から大学への進学率を高校の課程別に比較すると，一番高いのは看護学科の 79.5% であり，その他の 67.4% がそれに続き，普通科は 61.9% で三位である。多様化された高校の課程は，本当に生かされているのだろうか？　多様化が新たな格差を生まないようにすべきである。

　学生の学力が比較的高く，財政的にも安定している大学は，大学の数からすれば少数派であり，学力が低く，財政的にも楽でない大学は，学力よりも入学者の確保を優先する傾向がある。大学の基準 (standard) が非常に曖昧になっている。

　EU 言語共通参照枠 <CEFR = (Common European Framework of Reference for Languages)> は，現在，ヨーロッパを始め，国際的に関心を集めている外国語能力基準である。A1, A2: B1, B2: C1, C2 と低い方から高い方へと語学力を段階別に整理し，各段階の具体的内容は descriptors で記述しているが，日本人の平均的英語力から見て，かなり敷居が高い内容になっている。しかし，EU 内でもドイツの例では 10 年生で A1, A2+~B2+ 等があるので，それぞれの国の教育制度，カリキュラム，単位数などの違いを反映して凹凸がある。その国の社会経済的環境や会社並びに教育機関の立ち位置によって，どの基準を採用す

5. Reading Recovery の連携への可能性

　日本の教育風土に RR を応用するに当たって，RR の要点を整理しておこう。RR は定義的に言えば次のようになる。1980 年代にニュージーランドで始められた，教師と児童が一対一で読み書き能力の回復・向上を意図して行われるもので，毎日 30 分間の授業を計 30–50 時間行うものである。英語圏での実施状況（2009 年度）は，85% (NSW Australia 2010); Canada (70%), United States (75.2%), UK/Ireland (81%), and New Zealand (85.4%) である。RR の指導に関わる主な要素は，1. Phonemic awareness, 2. Phonics, 3. Vocabulary Fluency, 4. Comprehension である。

　英語圏では小学校低学年から実施するのが常識であり，その機会を逸すると，成人してから失業手当，医療手当，生活補助などを含めて RR 予算の約 19 倍の額を税金から支出することになる。

　日本の児童・生徒に RR を応用する場合，彼らの difficulties の内容や程度並びに国内の活用可能な指導人材の状況を考慮して具体化することになる。必要な時間はどれくらいで，それをどのように年間に配分するか，使用教材の内容をどのように構成するか，等々，児童・生徒の発達段階に応じて検討する必要がある。指導者としては，日本の遅進児の実態やその指導法を熟知している教師を，その「専門指導員」として雇用する。定年後のベテラン教員を非常勤で雇うことも検討に値する。できれば個別指導が望ましいが，体制が整備されるまで，グループ指導もあり得る。

　以上を整理して，RR を日本で応用する場合に，現時点で可能な体制としては，次の 4 点からなる枠組みが考えられる。

a. 長期休暇の活用
b. 土曜日の活用（学校や地域による）

以上の 2 点は児童・生徒に対しても，教師の研修に対しても活用可能である。

　c．退職教員の活用
　d．将来的には専門職員の養成

　肝心なことは，遅れ始めた児童・生徒への手当は早ければ早いほど効果が出るということであり，小・中だけでなく，すべての校種において検討に値する。

第*13*章

Reading Recovery の外国語活動への応用

　これまで述べてきた RR の基本理念，指導方針，指導手順，さらにはリテラシー教育の在り方についての議論は，英語を習い始める日本の小学生のための英語指導法へ示唆を与えていると考えられる。
　情報化社会となっている現在，日本では，テレビのコマーシャルやインターネットを通してカタカナ語，和製英語，ローマ字の形で英語という言語についての情報が溢れている。そのような状況下，基本理念の emergent literacy の考え方によるならば，日本の小学校で英語を学ぶ 5 年生および 6 年生児童もまた，日常生活の中で英語についての情報に意識的にも無意識的にもさらされていると見なすことができる。そこで，実際日本に氾濫している英語の語彙について，小学生児童がどれほど知識として持っているのか，どんな誤解をしているのか，また自分の知識を使ってどのように英語の意味を理解しようとしているのか事前に調査を行った。その調査結果を踏まえ，RR の指導理念と指導方針をいかに日本の小学校での英語指導に応用するかというこれまでの議論に基づき，この章では，公立小学校での外国語活動のモデル授業案を提示する。平成 23 年から外国語活動として英語を教えるようになってから公立小学校で英語に割いている時間は，全国すべての小学校で年間 35 時間，ほぼ週一回（45分）である。ここで提唱する指導法は，この公立小学校の 5 年生および 6 年生のカリキュラムに沿った英語のクラスを想定している。

1. 小学生の語彙知識と語彙理解の方略についての調査

　外国語教育において言語習得と語彙は古くて新しい問題である。Ogden (1930) の *Basic English: A General Introduction with Rules and Grammar* や，Shaw and Shaw (1970) の *The New Horizon Ladder Dictionary of the English Language* を始め，制限語彙で意味を定義する辞書で，5000 語を使用頻度数によって 5 段階 (Level) に分けて，fat (5) のように単語の次に段階を示している辞書が開発され，教材開発に一時代を画したことは，両者の緊密な関係を物語っている。

　日本の小学校の教育課程は 9 教科と道徳，外国語活動，総合的な学習の時間並びに特別活動によって編成されている。「外国語活動」は，必修というカリキュラム上の位置づけをされ，年間 35 時間の授業を児童や地域の実態に応じて，学年ごとの目標を適切に定め，2 学年間を通して外国語活動の目標の実現を図ることになっている。中学校の外国語科（英語）と比べて大きな違いは，言語活動に関する記述はあるが，言語材料に関する記述は極端に少ないことである。そのため教材で使用されている語彙が「外国語活動」の重要な柱になっている。そこで，笠原を代表とする語彙研究グループが，2012 年「小学校 5, 6 年生の語彙知識：音声，意味，文字の結びつきに関して」という調査研究（笠原他，2012）を行った。

　「音声と意味」，「音声と文字」，「文字と意味」の 3 種類の結びつきの強弱を測ることを目的とし，国立小学校 5 年生 78 名，6 年生 75 名が参加した。その語彙リストは，当時，「外国語活動」の教材として使われていた『英語ノート』1, 2 (2009) から，対象を絵で表現できる具体的な名詞に限定し，教授経験が 10 年以上の英語教員 3 名の意見が一致した 151 語の具体的な名詞の中から 40 語を選定した（使用した語彙リストおよびテスト形式は章末に掲載）。

　p. 136 の表 1 を参照すると，正答率はテスト 1 が一番高いことが分かる。また，正答数が 29 を下回る児童はいない。この正答数の下限値は，テスト 2 では 7，テスト 3 では 9 である。調査の結果，小学校 5, 6 年生の心的辞書内では，英語の「音声と意味」の結びつきが文字に関する結びつき（「音声と文字」および「文字と意味」）より強いことが分かった。各テストの信頼性および弁別

力[1]は次の通りである。これは「外国語活動」が音声中心で展開されていることの当然の帰結と言えるであろう。テスト1の信頼性や弁別力がテスト2, 3に比べて低いのは，平均点が高く，天井効果が見られることに起因する。

表1

	テスト1	テスト2	テスト3
信頼性（クロンバック α）	.61	.93	.92
弁別力（点双列相関）[*1]	.37	.77	.78
正答率	93	85	85
標準偏差	2.31	7.07	6.43
平均点	37.10	33.84	33.87

*1: 個々のテスト項目が受験者の英語力を識別する度合い

2. 定量分析から定性分析へ

2012年，都内公立小学校5, 6年生270名（それぞれのテストによって多少人数の違いが生じる）を対象に，語彙の「音声と意味」，「音声と文字」，「文字と意味」という3つの側面から児童の語彙知識に関するテストを行った。これらのテストは順番にテスト1, テスト2, テスト3とし，その結果の定量的分析と定性的分析を行った。

語彙を調査するための目標語は，前記の調査で用いたものと同一のものを使用した。テスト1のクロンバック α は0.86で，テスト2とテスト3では0.94を超えたため，信頼度は十分であると見なした。しかし，点双列相関係数はテスト2, 3では高かったものの (r=0.48; r=0.50)，テスト1でr=0.094となりかなり低いものであった。これは，選択肢の中の誤答すなわち錯乱子 (distractors) の方が正解の方より高く出た語彙項目があったためと考えられる。この点を考慮に入れながら，各テスト項目への児童の反応を定性的分析の視点から考察をした。

p.138の表2を見ると分かるように，被験者の正答率100%の語は，テスト1の

40語の中で緑色に塗られている14語 (cat, skirt, pilot, camera, banana, tennis, piano, fish, soup, bed, rice, tomato, soccer, monkey) であった。テスト2と3では100%の正答があった語はなかった。これら14語は，カタカナ語として日本語に入っている語や，日常生活で児童が聞き慣れているであろうと思われる語である。児童の語彙理解の中で，音声と意味の結びつきが音声と文字（テスト2）や文字と意味（テスト3）の結びつきよりも強い傾向にある原因については今後英語を教える際に考えなければならないであろう。この結果は，被験者の児童が，英語の音がどのような文字で表されるのか，文字で表されている英語の意味についてはよく知らないということを示している。

　また，この実験結果では児童の正解だけでなく誤答にも注目し，児童の語彙理解の方略という観点からも定性的分析を行った。分析方法は，テスト1，テスト2，テスト3のそれぞれの問題について被験者がどの答えを選んだのかを書き出し，正解の次に多くの児童が選んだ項目に注目して，彼らが語彙の意味を推測する際にどんな手がかりを使おうとしていたのかを探ってみた。

　テスト1では，その音を表す絵と錯乱子の絵が似ている場合（yachtとboat），正解の音と錯乱子の音が酷似している場合，（正解のdiamondと錯乱子のdynamite），正解の絵が不鮮明である場合（singerとannouncer），単語の最初の音が同じでその音の強勢の位置が同じ場合（mouthに対しmask, mike），正解の語（食物）の中に通常よく入っているからその錯乱子を正解だと思って選んだ場合（正解のsaladに対し，サラダの中に入っているhamを選んだ可能性）も誤答を選ぶ児童が多かった。

　テスト2の誤答分析では，40項目中28項目の間違いが語の最初の音が類似しているか（singerに対しsinner, SaladとSaturn, soupとsuit, rulerとroller, octopusとOctober, horseとhose, diamondとdialect, tennisとtent），強勢のある位置が同じである（pizzaとpitcher, castleとhustle, skirtとshirt, nurseとMars, fishとwish, eyeとlie, towerとlower, beachとreach, dressとless）ためではないかと考えられる。

　テスト3では，児童による間違った英単語の発音が原因である場合（diamondに対してdynamite, mouthに対してmaskやmike），選択肢の絵が異なる意味を表してしまった可能性の場合（wineの絵がjuiceにも見え，cerealの絵が

表2

	Test 1 (sound → picture)			Test 2 (sound → letter)			Test 3 (letter → picture)		
	P	total Rpbis	flag	P	total Rpbis	flag	P	total Rpbis	flag
bag	0.888	−0.047	K, LR	0.755	0.598		0.906	0.600	
dress	0.890	−0.013	K, LR	0.826	0.461		0.826	0.674	
cat	1.000	0.000		0.882	0.505		0.916	0.627	
pizza	0.985	0.060		0.905	0.414		0.964	0.473	
skirt	1.000	0.000		0.875	0.481		0.861	0.500	
lion	0.996	−0.027	K, LR	0.838	0.676		0.850	0.516	
nurse	0.928	0.226		0.834	0.442		0.833	0.513	
camel	0.707	0.300		0.592	0.357		0.565	0.417	
pilot	1.000	0.000		0.897	0.631		0.893	0.540	
tower	0.985	0.164		0.894	0.309		0.917	0.424	
camera	1.000	0.000		0.912	0.572		0.926	0.573	
guitar	0.996	0.021		0.872	0.571		0.847	0.502	
banana	1.000	0.000		0.857	0.411		0.948	0.551	
eye	0.967	0.220		0.322	0.311		0.333	0.096	K
ruler	0.692	0.175		0.494	0.205		0.752	0.438	
yacht	0.909	0.156		0.814	0.465		0.686	0.430	
red	0.996	0.085		0.829	0.495		0.953	0.524	
tennis	1.000	0.000		0.915	0.499		0.859	0.541	
beach	0.996	0.005		0.909	0.284		0.785	0.334	
castle	0.615	0.246		0.897	0.633		0.490	0.412	
piano	1.000	0.000		0.948	0.590		0.964	0.521	
fish	1.000	0.000		0.878	0.599		0.910	0.479	
horse	0.985	0.090		0.554	0.323		0.851	0.476	
soup	1.000	0.000		0.860	0.597		0.922	0.487	
bed	1.000	0.000		0.733	0.519		0.908	0.585	
diamond	0.729	0.106		0.885	0.567		0.898	0.457	
rice	1.000	0.000		0.805	0.504		0.766	0.502	
tomato	1.000	0.000		0.934	0.613		0.948	0.631	
eraser	0.828	0.387		0.779	0.585		0.703	0.499	
mouth	0.922	0.291		0.860	0.588		0.759	0.559	
juice	0.985	−0.024	K, LR	0.831	0.498		0.849	0.628	
rabbit	0.985	0.159		0.931	0.634		0.912	0.595	
soccer	1.000	0.000		0.801	0.513		0.941	0.466	
circle	0.618	0.394		0.732	0.462		0.459	0.387	
monkey	1.000	0.000		0.948	0.527		0.965	0.377	
octopus	0.944	0.161		0.818	0.420		0.902	0.497	
singer	0.865	0.283		0.889	0.460		0.824	0.636	
salad	0.963	0.172		0.821	0.625		0.877	0.595	
pink	0.993	−0.078	K, LR	0.959	0.504		0.941	0.473	
giraffe	0.619	0.198		0.755	0.484		0.623	0.466	

rice に見えるなど)，英単語の綴りと意味の結びつきについての知識が曖昧で3つの錯乱子のいずれかを選んでしまった場合 (circle に対して diamond, triangle, square のいずれかを選ぶ，eraser の意味が分からず crayon と pencil と blackboard をほぼ同数の被験者が選ぶ，ruler の意味が分からず purse と notebook と compass のそれぞれを選ぶ) 場合，さらに単語の意味と綴りをはき違えていたと思われる (beach と海岸にはヤシの木がある場合などから forest, eye と同じ "e" の音から始まる ear, singer に対してテレビに出演するということで announcer を選んだのではないかと思われる) 場合があった。

　また，3つのテスト全てにおいて，きりん (giraffe) の綴り，意味，音声の関係が分かっておらず，河馬 (hippopotamus または hippo)，シマウマ (zebra) の3つの単語，消しゴム (eraser)，クレヨン (crayon)，黒板 (blackboard)，鉛筆 (pencil) の4つの単語，円 (circle)，三角形 (triangle)，四角 (square)，ひし形 (diamond shape) という形を表す単語の知識が定着していないことも明らかになった。これらの単語の概念は，改めて児童に教えなければならない。

　この3つのテストの誤答分析から，日本の児童の場合，英語の語彙理解の方略について次のような推測ができる。おそらく児童は，英語の語彙の意味を理解しようとするとき，語全体の音，語頭の音，または強勢のある部分，文字の場合は語の形に注目しているのではないかと考えられる。児童の英語の語彙習得を助けるためには，単語の発音を正確に聞き取り，児童自身も正確に発音できるようにする，単語と音声とそれを表す綴りの関係について理解させることが大切であるという示唆を得ることができた。音声と意味を綴りに結びつけることは重要で，その結びつきを確かなものにすることにより，その語彙が児童の記憶に残り，知識となって定着し，後に英語を読んだり聞いたりしたときに出会う新しい語彙の学習に役立つのである。また，綴りとの結びつきは「書く」活動を行うことにより，児童の記憶への定着をさらに確実にすることができる。

　さらに，児童の語彙知識を調査する際の絵と問題の作成方法に関しても示唆を得た。この調査で扱った語彙の中で，いくつかの英単語について児童とテスト作成者の持つ概念が異なっているために誤答を招いたと推測されることから，児童がそれぞれの単語について抱いているイメージを反映させた選択肢を

テストに入れるよう注意を払う必要があることが分かった。

3. 小学校で養う将来の英語学習の「素地」の意味

　日本の小学生の英語の学習環境および学習歴を考えると，限られた時間に英語に接する機会をなるべく多く持たせたい。また小学生だけでなく，どの年代の学習者にも当てはまることであるが，英語に興味を持ち，授業外でも英語に関心を持ち，自発的に学習するように導くことができる指導が理想である。英語に関心を持たせるよう導く方法は様々である。楽しい授業をすることを全面に出すならば，ゲームや歌を取り入れて，「英語の勉強は楽しい」と感じさせることができる。確かに児童心理学者の Piaget（stage theorist とも呼ばれている）は，play「遊び」を通して言葉を学習していく児童の習性を重要視している。しかし，彼の発達理論の中で，concrete operational period と呼ばれる7歳から12歳の頃の児童は，次第に自己中心的な (egocentric) 思考から脱却し，やがて自分の経験や具体例から規則性を発見するという帰納的思考 (inductive logic) が可能となり，行く道（往路）が分かれば説明しなくても帰り道（復路）が分かるといった物事の論理の筋道，可逆性 (reversibility) を理解するようになるなど論理的思考の発達が進む時期である。また formal operational period と呼ばれる12歳頃から抽象的思考や演繹的思考が可能となる。日本の小学校5年生と6年生の児童は，成長の個人差を考慮しても Piaget の考える concrete operational period の後半から formal operational period へさしかかる発達段階におり，メタ言語的能力 (meta-linguistic ability) が発達していると考えられる。この時期の児童は，成長段階を考えると既に「遊び」を通して言葉を学ぶ時期から言葉を実際に使ってみたくなるという発達段階に入っているわけであるから，普段の生活から身についた既存の英語の知識を活用し，それらの言葉が日本語とどう違うのか，英語で自分の伝えたいことをどう表現するのかなどを分析的に教えることによって，この時期の児童の認知能力の発達を促すことができると考えられる。

　前述したように，小学校での英語教育は外国語であるが，リテラシー教育の

一環としての重要性があり，中学，高校，大学と英語を勉強していく過程で常に「習得する」「コミュニケーションのために使う」ことを目的としているわけであるから，小学校からその「素地」を作っておくことが肝要である。小学校学習指導要領解説 (2008) によると，「コミュニケーション能力の素地とは，小学校段階で外国語活動を通して養われる，言語や文化に対する体験的な理解，積極的にコミュニケーションを図ろうとする態度，外国語の音声や基本的な表現への慣れ親しみを指したもの (pp. 8–9)」と説明している。本書で意味する「素地」とは何か。著者にとって「素地」は，漢字，ひらがな，かたかな文字の世界にいて，日本語を母語として学ぶ小学生に，アルファベット文字の基本を理解させ，中学校での英語学習につなげるための基礎固めを意味する。小学校での英語教育の現場では，母語とこれから習う英語との言語としての違いに気づかせながら教えていかなければならない。

　このようにして，1) アルファベットは1つ1つには意味はなく，音の最小単位である音素を表す文字がいくつかつながって語となり，ある意味を持つようになるため，漢字のように文字の形から意味を推測することはできない，2) 綴りと発音も常に一定の規則性があるとも限らない，3) 日本語に比べて，語を発音するときの強勢の位置やイントネーションがコミュニケーションの質に影響を与えることが多い，4) 一本調子で話すことは，個々の単語が正しく発音されても，全体としての意味の伝達が困難になる，5) ある一定のメッセージを伝達する際でも伝えたいことをそのまま日本語から英語に翻訳することによって意思疎通が可能になるわけではなく，英語で意思疎通するときの英語独特の談話パターンに沿ってメッセージを伝え，話題 (topic sentence) を明らかにし，その話題を説明するための具体例を示し (supporting sentences)，結論づける (concluding sentence) といった英語による discourse の基本を踏まえ，英語的発想を学ぶこと，6) 英語では，適切な言葉を選んで相手を理解させるために意思伝達することが期待されているということを学ぶ必要がある。

4. 言語学習の基本を踏まえた指導法

　小学校で学ぶ英語は，中学校での英語教育が目指しているように，言語学習の基本を踏まえた指導を行なうべきである。RR の指導でも強調されているが，それぞれの英語活動では，常に学習者の生活環境に関連した状況 (meaningful context) を設定する。学習者の生活に関係のあるものを表す英語から始め，その英語表現がどのような状況で使われるのかを意識させながら，学習を進めていく。また，学校で英語を学ぶ授業時間数が 1 年間で 35 時間であることを考えると，繰り返し学習も大切である。紹介された単語や文は，音の学習だけでなく，読みや書くタスクにも繰り返し使われることによって，学習者の知識として定着させることができる。

　具体的な指導の構成として，言語習得のための言葉の正確さ (accuracy) と流暢さ (fluency) の獲得ということで，正確にアルファベットの仕組みを教えることから始め，英語という言語の体系を理解させていく指導と，一語一句始めから正確に理解することを目的とせず，英語で書かれている，または話されているテキストを聞いたり読んだりして大意を理解する機会をできるだけ多く与える指導という両方の要素を入れていく指導の流れを提示する。この bottom-up と top-down の指導を通して，やがて自動的に語や文の意味の理解ができるようになり，繰り返し見聞きする語彙の量が増え，次第に記憶の中に収められる。

　しかし，この指導だけでは，児童の知識のうち，すでに自動的に理解し発信できるようになった言葉を使う機会が与えられず，言葉の習得を遅らせることになる。言語習得に不可欠な context（状況，文脈）を与える必要がある。日常生活の中で英語を使わなければならない状況にない日本の児童の場合，言葉の input とともに，言葉が使われる機会，context を与えなければならない。この context の中で児童がこれから習う目標言語が使用されている社会について学ぶために，人々の習慣を含む文化を盛り込むのである。児童が既に知っていると思われる目標言語が使用されている文化についての知識を引出し，input だけでなく実際に習ったことを使ってみる output の機会を与え，学習した中で身についている表現とそうでない表現を認識し，次の段階の学習につなげていくといったバランスも考慮する必要がある。

5. 日本の小学校英語への応用：その基本的な構成

　本書で提示する RR の指導法を基にした日本の小学校英語のための効果的な指導法の基本的な流れは，下記の通りである。英語の指導に有する時間は，1回の授業を 45 分と見なす。なお，ここで提示している指導法の流れについては，都内の公立小学校で実際に JTE として英語を教えている土屋佳雅里氏の英会話教室で，RR の指導法を基にしながら行った実験授業の結果を踏まえて，発案したものである。

① 挨拶
② 口頭英語 (oral and aural language learning)
　　音素の理解，綴りと発音の関係，イントネーション，語の概念を教えるタスクを行なう。現在読んでいるテキストの中から語彙を選び，その中の音素を扱う。
③ 読みの活動 (reading)
　　生徒の日常生活に関連した内容について書かれた英語を読む。イラスト入りの，単文で，同じ表現が繰り返されている英文テキストを読んで，音，リズム，文の構成，意味の理解を目指す。
④ 書く活動 (writing)
　　読みの活動に関連した話題について，英語で書く。まだ英語で書けないときには，絵を描くなどして表現させ，後からその単語の綴りと意味を教える。また，文構造を理解させるために，cut-up sentence タスクを行なう。
⑤ 次回に読むテキストをクラス全員で読む。(Trying a Challenge Book)
　　イラストを見ながら，話の概要について予測させながら読んでいく。細かいところにはこだわらず，大筋を理解させて，次回の授業へつなぐ。次回の授業では，このテキストを扱い，単語，文構造，音声，意味に注意しながら読んでいく。

　上記の授業の他に，朝授業が始まる前 20 分ほどの時間を取って，読み聞かせ (Telling a story for the entire class) を行う。教員が，クラスの児童全員の前

で Big Book を読み聞かせる。内容や英語の単語について質問するなどして，英語の音，文字，意味に親しむ。

　下記にあるのは，RR の指導法に基づいた授業展開例である。

本時の目標

1. 挨拶の仕方，天候，曜日について尋ねる英語表現の運用力を高める。
2. 英語で書かれた内容の大意を理解することができる。
3. 音素に注目しながら "cook," "run," "sit," "read," "paint," "drive," "dance," "shake" の発音と綴り字の関係について理解を深める。
4. 英語の音，リズム，イントネーションに注意しながら，英語で書かれたテキストを読むことができる。
5. 「〜することができる」を意味する "can" の使い方を学び，児童ができることを "can" を使って英語で表現する。

教材

　Harrison Pat. (2009). "What I Can Do" Manitoba: Blueberry Hill Books.

　このテキストの主人公は犬である。それぞれの犬ができることについて述べられている。ページごとに，左側には can を使った単文が書かれ，右側に犬が左側に書かれている英語で表されている動作をしている絵がある。下記は，その絵とテキストであるが，テキストは本書のスペースの関係で絵の上に書いてある。

I can cook.　　　　I can run. 　　　　I can sit.

Reading Recovery の外国語活動への応用 | 145

I can read.　　　　I can paint.　　　　I can drive.

I can dance.　　　I can shake a paw!

教具

1. ネームカード，2. 黒板，3. ホワイトボード，4. マグネットのアルファベット文字（音素訓練に使う），5. 書画カメラ（一斉読みのためテキストを映す），6. 本時に使うテキスト，7.「can」と幾つかの動詞が書かれているフラッシュカード，8. 日にち，月，天候などが含まれているカレンダー（挨拶に使う），9. 細長い厚手の紙（cut-up sentence 活動に使う）とマグネット，10. CD プレーヤー

・指導過程

段階・時間	活動	主な留意点
ウォーミングアップ 5分	1. Greeting 2. 天候についての挨拶	・元気よく大きな声で挨拶する。 ・繰り返し声に出す。 ・抑揚に気をつけるようにする。 ・相手の目を見て挨拶する。

〈音素訓練〉 8分	1. "cook," "run," "sit," "read," "paint," "drive," "dance," "shake" に含まれる音素と綴り字の関係を理解させる。 2. これらの音素を含んだ他の単語の例も出し，音素と綴りの関係を理解させる。 3. これらの音素が分かるか何人かの児童に当てて，ホワイトボードとマグネットのアルファベット文字を使って練習する。	・音素，文字，意味を実際に発音しながら理解させる。 ・音素の理解を助けるため，音素ごとに手拍子を取りながら，音素を意識させ，理解させる。
〈読みの活動〉 10分	1. "What I can do" のCDを聞きながら，黙読する。(2回) 2. 1文ずつ読む。何回か繰り返して一斉に読む。 3. 「〜できる」の意味の "can" に注目し，1文ずつ意味を確認する。	・CDを聞きながら指でテキストの中の語を指さしながら黙読する。 ・語の発音，イントネーションに注意して読む。 ・児童が知っている単語と知らない単語を見極め，絵から推測させながら意味を確認する。
〈文構造理解〉 5分	1. "can" を使って，児童が自分でできることを聞いてみる。教員はその文を紙に書いて，単語ごとにはさみで切り，マグネットで黒板にはる。それをクラスで一斉に読む。 2. その文を単語に分解し，児童を指名し，分解された単語をもとの文に再構成させる。	・クラス全体またはグループワーク形式で行う。 ・can を使って文を作成した児童を当ててもよいが，他の児童を指名して，分解された文を正しい語順に並べ替えさせてもよい。
〈書く活動〉 12分	1. 児童が自分でできることを "can" を使って英語で書く。 2. 児童は，書いた内容について	・児童は自分のノートに鉛筆で書くが，英語は左から右へと書くこと，最初の文字は大文字で，文の

	発表する。	終わりにピリオドを付けるなど基本を習う。 ・グループワーク形式で行う。
〈次週のテキスト紹介〉 5分	1. 次週読む予定のテキストを教員がクラス全体に読む。	・児童にテキストの内容について概要を理解させ、次回のテキスト理解の基礎知識を与える。

① テキストは情報の宝庫 (Information Pool)

　この指導案全体から分かるように、授業で扱う活動では読むテキストの内容を中心に構成されている。テキストに出てくる語に含まれている音素の理解と音声訓練、テキストに出てくる文の再構成をする活動、テキストで扱っている"can"の用法を使って、児童が自分でできることについて書いてみる。RRでも強調されているようにテキストは、児童が言葉を使うことのできるcontextと言語情報を与えているのである。テキストは英語を学ぶための情報プール (information pool) であり、学習が進むにつれてこの情報プールの中の英語や英語に関する情報がやがて児童の「既存知識」となっていくのである。

② 日常使う表現の習慣化

　挨拶は、ウォーミングアップ活動として必ず行う。ここでは挨拶として"Hello. How are you?" "Fine, thank you. How about you?" 今日は何曜日か "What day is it today?" "It's Monday." 天候はどんなか "How is the weather today? It is fine. It is a little bit cloudy. It is rainy today." などの言い方を毎回繰り返す。運動会などの行事があれば、その行事について児童に感想を聞いてみるのもよい。"How was the sports festival? Was it good? Was it exciting? Were you tired?" など、意味が分からないときは日本語で教えながら、会話に慣れるように導く。

③ アルファベット文字と音素の理解
　——Synthetic Phonics と Analytic Phonics

　音素の指導は，読みの能力を伸ばし，書く能力を養成する両方の目的のために欠かせない活動である。英語を母語とする児童の場合，音と文字の関係が複雑であるから読みの能力が伸びにくく，小学校での学業に支障をきたしているということは，前章のニュージーランドやオーストラリア，アメリカにおけるリテラシー教育事情でも述べている。また，小学校に入った段階での児童のアルファベット文字についての知識が，後の読みの能力向上に大きく影響するという研究 (Adams, 1990) や，アメリカの幼稚園児のアルファベット文字についての知識が小学校低学年での読みの能力に影響を及ぼしているという報告 (Snow and Burns, 1998) にもあるように，英語学習においては音と文字の関係について学ぶことは習得への鍵である。

　文字と音の関連を教えるアプローチはフォニックスというが，ここではフォニックスの中でも synthetic phonics と analytic phonics のうち前者を使い，他の活動（「読む」活動と「書く」活動）で後者のアプローチを使って教える。Synthetic とは，「組み立てる，統合する」という意味であることから，個々の音素に注目することから始まり，音素それぞれの音を出してみて (sounding out) 組み立てたり，混ぜたりする (blending) 過程を辿りながら，音と文字の形について明示的に教え，音素理解へと導いていくやり方である（Z Phoenics. Com 2013/4/17 参照の記事）。Synthetic phonics では，それが組み立てられてできた文字群に注目するのである。例えば，/m/, /æ/, /p/ という音素をそれぞれ学び，これらの音素を組み合わせると "map" になるというように教える。または，/t/, /p/ という子音を教え，さらに /a/ という単母音を教え，それぞれ音素を発音してみる。それからこれらの語の音のうち音素 /m/ の代わりに /t/ を入れると "tap" となり /tæp/ と発音することを教える。

　Analytic phonics （Wikipedia 2013/05/02 参照の記事）は，単語を音素ごとに分解しながら音素理解していく訓練である。Synthetic phonics とは対照的に，単語を示すことから音素の教授が始まり，それぞれの文字の形の理解へと進む。単語の最初の文字に注目して語の理解を促し，「その語の最初の文字を見てみよう。この文字が他の文字になると何と発音するかな。」のような指示を出して

音素訓練を行う。例えば，map という単語の発音は /mæp/ であるが，この単語が /m/, /æ/, /p/ という音素から構成されていることを教え，この a が一音素違いで tap の単語の中にもあり，さらに apple, pan にもあり，実際の発音は /æ/ であることを教える。

　RR プログラムでも行われていたように，ウォーミングアップの後，ホワイトボードとマグネット付のアルファベット文字を使っての音素認識のための訓練で，synthetic phonics のアプローチを使い，後の「読み」の活動や「書く」活動など context を与えながら教える中で音素を認識させる場合は analytic phonics のアプローチを使って教える。実際に児童が読んでいるテキストから単語を出す，児童が日常的に知っている英語の表現を例にするなどして音とアルファベット文字の形の関係を教えていく。ホワイトボード上で児童に文字を組み合わせるとどのような音になるか実践させる。

④ **Personalization** の重要性と「話すように読む」こと

　もし最初にそのテキストを導入する場合であれば，まずは CD を聞きながらテキストの単語を指で差し文字を追いながら読む。CD を聞きながら，文字の塊である単語がどのような形でどのような音を持っているか確認させるのである。その後，教員と一緒にテキストを読んでから，一文ずつ読み，絵 (pp. 144–145) に注目させながら，意味を確認していく。「犬は何をすることができるのか。料理ができる。皆は料理ができますか？」というように，テキストの意味を確認してから，児童へ注意を向け，実際に料理ができるかどうか聞くといった問いかけ (personalization) は，テキストと児童の個人的な経験を関連づけることになり，前章でも述べたように，読みの力の養成に役立つ。児童が「できる」と言えば，"You can cook." と教員がそれを英語に直し，児童に "I can cook." と英語で言うよう促す。このテキストを使って授業を行ったとき次のようなやり取りがあった。テキストをクラスで読んでいるとき，何人かの児童は "paw" の意味が分からなかったが，児童の一人が犬を飼っていて，その犬の手の平のことを思い出して，「肉球じゃない？」と言って paw の意味を推測することができた。このように児童同士の意見交換によって，分からない単語の意味をそれぞれの経験を使って推測することに成功できた。母語による意見交換

であっても自分の知っていることを基に語彙推測ができたという経験は英語を外国語として学ぶ児童にとっては貴重な体験であろう。

　また，テキストを授業ごとに繰り返し読むことによって，間もなく児童の意識には自動的にそれぞれのフレーズが記憶される。慣れてくるとテキストの文字をしっかり追っていなくても自然と口からそのフレーズが出てくるようになり，「話すように読む」ことができるようになる。しかし，そのような状態になっても，やはり常に単語ごとに目を向けさせ，音と文字の塊として単語の関係を意識しながら読ませなければならない。児童が読んでいるときに躓く原因はしばしば，文字を音声化できないことである。③で述べたように，analytic phonics のアプローチで，語を音素ごとに分解し，⑥の「書く」活動にあるように，音素の数だけ箱を書き，手拍子をしながら文字を音声化させ，意味へとつなげていく。

　このようなテキストを使った授業に慣れてきてからは，「初見読み」を活動に入れていくのもよい。音と文字の関係について理解するようになってきてから，最初にCDを聞かせずに児童にテキストを読ませてみる。文字を見てどの程度音声化できるか，どの文字で躓くかを見ながら，習得していない音と文字の関係について教える。

⑤ 文構造理解——児童が作った文を組み立てられる

　RRプログラムでは，cut-up storyという名前の活動になっている。ここでも児童が自分のできることについて書き，その文を単語ごとに切り，自分でその文の語を，声を出しながら読み，読んだ通りに単語を並べ替え，切り分ける前の文にできるように訓練する。このときも児童が単語を読む際に，文字と音の関係を理解して読んでいるかどうか注意する。個々の単語の発音を確認しながら，語順の理解を深める。③の音素理解と④のテキスト理解のちょうど中間になる文レベルの理解をさせる活動である。テキストで話題となっている「〜することができる (can)」という表現を自分に当てはめて英語で表現するのであるが，実際にはどんな英文になるのかをこの活動を通して理解を確実にする。クラスの児童がそれぞれ書いた文も教員は単語ごとに切り，並べ替えの練習をさせ，切り分けた単語は自宅へ持って帰って，各自練習をするよう指示を出す。

⑥ Personalization と音と文字の知識の定着

　文字を教えることの一番の利点は，書くことによってその言葉が記憶に残るということである。小学校英語についての研究（小野，高梨，他3名，2009）で，都内私立大学附属小学校5年生と6年生に whole language approach に基づく音声英語中心の英語指導を行い，その児童が附属中学へ進学したときに行った追跡調査として小学校で学んだ単語の理解度を測定したテスト結果からも，書く活動の意義を再認識することができた。この研究で行われていた whole language approach に基づく教え方は，英語の形よりも意味の理解に重点を置き，児童が知っていることやテキストの文脈を手掛かりとして推測しながら，しだいに英語の文法規則の理解へと進む帰納的指導法である。音と文字の関係についての指導はしていなかったこと，学んだ単語の綴りをフラッシュカードやゲームカードで見せてはいたが，児童に文字を書く機会を与えなかったことが，後の追跡調査の語彙テストで児童の記憶に残っている英単語の綴りの数が少なかったという事態を招いた原因の1つであると考えられる。

　この「書く」活動では，テキストで学んだ言葉や表現を使って，自分のことについて書かせる。これも personalization の指導方法であるが，テキストの内容と学習者を関連づけさせ，英語で書くというコミュニケーション能力の養成を目的とする。表現に必要な綴りが分からない単語がある場合，RR プログラムでは次のように教えている。例えば，地図を意味する英語 map が分からない語である場合，教員が3つの箱を書き，音素ごとに手拍子を3回しながら，/mæp/ と言って箱の中に m，a，p の3文字を入れさせる。このように，analytic phonics のアプローチで，書く活動の際も，音素と文字の関係を理解させるのである。

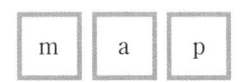

| m | a | p |

　前述の Adams (1990) が，アルファベット文字の正確で迅速な理解が必要であると述べているように，テキストの形で与えられた context の中で，音素認識訓練，文構造理解，読む活動，書く活動を通して，音と文字の関係，単語を文字のパターンとして自動的に認識する訓練をすることによって，英語の習得が進むと考えらえる。

⑦ **次回読むテキストは流暢さに焦点を置く**

　授業時間中にテキストを読み終えることができるならば，授業の最後に，次の時間に読むテキストの概要を，挿絵を見せながら理解させる。クラスの児童が一緒にテキストを読むことができるように，書画カメラでテキストを映し，内容を理解させる。次回から読むテキストについてのスキーマを与えることになる。

　pp. 145–147 に述べた外国語（英語）活動のための指導案は，著者2名が平成23年から行っている科研費研究（基盤研究C）「早期英語から中学校英語への架け橋：文字教育を取り入れた指導法と教材モデル開発研究」の一環で，公立小学校5年生および6年生児童14名の通っている英会話教室で行っているパイロット研究授業に基づいている。児童はその英会話教室に週1回60分の授業を受け，テキストを読むことを中心に音素訓練，文構造理解，英語で書く訓練を受けている。

　これまでにも述べてきたように，日本の小学校での英語の授業にこの RR の指導法を応用する場合，その中核は，与えられた状況 (context) の中で，音声—意味—文字（綴り）の関係について行う音素認識のための活動，読む活動，構文理解のための活動，書く活動を通して理解させることである。日本の小学校英語の指導方法を考える際の要点は，下記の図で表すことができる。この章で紹介されている RR プログラムに基づいた指導案からも分かるように，歌を歌ったり，ゲームやスキットの機会を与えるにしても，context を意識させ，音声，意味，文字の関係を明示的に教えなければ，効果的な言語指導を実現させることはできないのである。

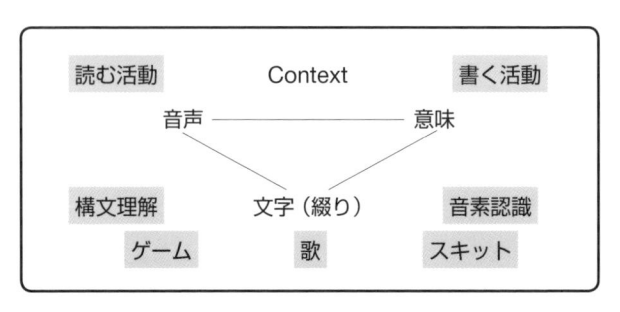

図1：指導モデル

読む活動　　Context　　書く活動
　　音声—————意味
構文理解　　文字（綴り）　　音素認識
ゲーム　　　　歌　　　　スキット

おわりに
──校種間連携への展望──

　小学校で行われている英語の授業は中学校での英語の授業と連携すべしという考え方は，至極当たり前のことである。この英語授業の小・中連携という話題となると，中学校からの文字言語を扱う「読む」「書く」活動を勘案し，小学校でも英語による「読み」「書き」の基礎訓練を行うカリキュラムが必要ではないかとなるが，実際どのように連携すべきか，文字教育を小学校から導入して中学校以降の英語能力の向上に役立つか，関係者の間では必ずしも意見が一致していない。

　ベネッセ教育研究開発センターで行われた小学校英語に関する基本調査（第2回小学校英語教育に関する基本調査（教員調査），2011年）によると，中学校との接続と連携が課題であると考える教員は，2006年の調査では14.6%であったが，2010年には23.6%と上昇し，教員の課題意識の上位4位であった。また，実際の外国語（英語）活動に関する2011年の調査では，98.7%の学級担任が外国語（英語）活動において「英語の挨拶」を行い，98.5%の教員がゲームをやり，91.9%の教員が英語の歌やチャンツ，87.7%が英会話練習を行っている。一方，29.9%の学級担任が「英語の文字や文を読むこと」を扱っており，16.5%の学級担任が「英語の文字や文を書くこと」を行い，15%の教員が「読み聞かせ」をしていると報告されている。これらの調査結果から，中学校との連携を考えるに当たり，これまでの議論を通して日本の小学校の外国語活動でも「読む」「書く」活動が必要だと考えられるが，実際に小学校で積極的に文字教育を行っている教員はまだ少数派であるのが現状であることが分かる。

　年間35時間という限られた授業時間に文字を本格的に教えると，児童の「英語嫌い」を生み出すから「読み」「書き」を教えないようにしようという根強い意見がある。「英語嫌い」は，中学1年の2学期頃から文法が難しくなり，

覚えなければならない単語の量が加速度的に増えていき，さらに英語が読めないこと，読めないので英語が覚えられないという負の連鎖が原因だとよく言われている (野呂, 2004)。新しい言語の音声と文字体系を同時に教えると，児童には認知的負荷が高くなり，結局は「英語嫌い」の児童を生み出すことになるという意見もある（影浦，2000)。やがて，小学校学習指導要領外国語活動編 (2008) では，「読む」「書く」指導は中学校カリキュラムに任せ，英語の文字や単語の扱いは音声によるコミュニケーションを補助するものという位置づけとなった。

　一方，「英語嫌い」を生み出さないように児童の学習負担に配慮しつつ「読み」「書き」を教えるべきであろうという見解から，小学校での文字指導導入を積極的に行っている指導者もいる。飯塚 (1997) や久埜 (1999) は，文字入りの本や絵を見せるなどして，文字に慣れさせ，文字に興味を持ち始めた頃に文字の読みを始めるのがいいと考えている。宇野 (2010) は，小学校高学年から英語で書かれた絵本を読むことにより，英語による「読み，書き」に自信を持たせることができるという考えから，小学校低学年から音と文字の関係の理解を始めることが中学校での英語学習成功の鍵であると述べている。宇野 (2010) は，小学校高学年で英語の絵本が読めるようになることによって，達成感や満足感を覚え，中学校へ進学してからも積極的に英語を学習するようになるというわけである。野呂 (2007) も，小学校から文字教育を行うことを提唱している。小学校で英語を習い始めた頃から，英語の音声とともに文字にも触れさせ，文字に関心を持たせるように導きながら，児童が慣れてきて文字への関心が出てきた段階で，音声と文字を関連づけるフォニックスを使うという教え方を薦めている。このような訓練を積むことによって，英単語の読み書きがうまくできるようになり，中学校での英語学習に躓かないようになると述べている。

　平岡 (2006) は，児童の知能および心理発達段階（低学年，中学年，高学年と3段階に分類した）に応じた文字指導の工夫を提唱している。特に，小学校英語への文字導入の功罪両面に注目しながら，1) 文字や単語を書かせて暗記させるといった知識詰め込み型の指導はしない，2) 音声を中心として、十分聞き慣れた言葉を文字で教える，3) 文字を導入するにしても，机に向かってタスクをこなすというのではなく，歌やゲームを取り入れながらコミュニケーシ

ョン活動を通して行う，4) 文字を導入する際には，文字群や意味の塊を意識させながら教えていく，といった工夫をしながら指導を試みた (p. 104)。いずれの段階の児童も楽しく活動ができたと実感しており，どの学年でも文字を取り入れた英語活動を効率よく行うことができたと報告している。低学年では，文字を視覚的にとらえるように形態に着目すること，中学年では，文字を塊として取り入れるだけでなく，読み方のコツを発見させる，高学年では，書いて伝えることを目的とした活動を行うといった工夫も提案している (p. 121)。

　文字導入の利点としてさらに，バトラー後藤 (2005)，中田 (2011)，宇野 (2010) は，文字の導入と記憶への定着と強化，「聞く話す」ことからだけでなく，「読み書き」をすることによるインプットの増大の効果についても述べている。荒川ら (1998–1999) は，文字と言語習得の関係についての参考文献に基づき，アンケート調査，文字指導をした授業の観察結果とテスト分析を行った。この研究の結果，小学生が高学年になるにつれて分析的に考えるようになり，文字に対する好奇心がわいてくる，文字は語彙の記憶を助け習得につながるといった理由から，小学校での文字指導を薦めている。バトラー後藤 (2005) は，韓国や台湾の実証研究例を出しながら，児童に文字を指導することの外国語習得への弊害を実証した報告は今の時点でないとしながら，文字や文字指導自体が小学生の外国語習得を妨げるのではなく，文字指導の時期，導入方法などを工夫すべきであると述べている。

　上記で述べられているように，日本の小学校での英語授業に文字を導入する効果は実践例を通して既に指摘されており，本書で一貫して述べてきた RR プログラムの指導方針の中核をなす emergent literacy, roaming around the known，ならびに「言語教育のための音声，文字，意味の理解の重要性」との共通点が明らかとなっていること，並びに RR プログラムの成功例からも，日本の小学校英語教育の在り方へ示唆を得ることができるであろう。RR プログラムは英語を母語とする児童のための読み書き回復プログラムであるが，英語を外国語として学ぶ学習者にとっても有用な考え方であると言える。さらに，RR 的補習を個人あるいは小グループを対象に実施することも検討に値する。RR プログラムは，もともと読み書きに躓いた児童の能力回復のためのものであるため，小学校の外国語活動として小グループごとのタスクに応用することができる。

ここで校種間でも特に，小学校から中学校への架け橋としての英語指導はどうあるべきか考えてみる。前述にあるように，この校種間でしばしば起きる日本の英語学習者の「英語嫌い」を回避するためには，やはり，母語である日本語とこれから習う英語の言葉としての違いを児童に教え，言語学習の基本に沿った指導を行うということではないだろうか。

　まず，日本語と英語との言葉としての違いに気づかせる必要がある。文字（書記素）と音（音素）の対応関係に注目した指導を行うことである。正書法深度仮説 (Orthographic Depth Hypothesis) では，文字と音声の間にかなり規則性がある場合を「浅い正書法 (shallow orthography) と言い，英語のように文字と音素の関係がかなり不規則な場合を深い正書法 (deep orthography) と言うのだが，正書法が深い言葉であるほど文字と音の対応規則を学ぶのが困難であると言う（門田，野呂，2001）。アルファベットを使う言語の中で，英語の音声と文字の対応規則は複雑である。RR でも強調されているが，英語を主要な言語として習得しようとする児童の場合，読み，書きに躓いている彼らの能力を回復するためには音韻認識，特に単語を音素に分ける力を養うことが重要である。英語圏の国々では，英語を母語として習う児童だけでなく，外国語として学ぶ児童においても，その音韻認識と読みの能力発達は関係が深く，また正書法の深い言語であることからも，リテラシー教育の一環である介入プログラムでは phonics approach が使われている。音と文字の関係がほぼ一対一のかな文字と文字全体を音声に対応させ記憶される漢字という 2 つの書記体系を使う日本語を母語としている日本の児童にとって，英語はなおさら躓きやすい言葉と言えるわけである。英語を学ぶ日本の学習者にとって音韻認識力の訓練による音声と文字と意味の結びつきを理解することが大切である。

　次に，英語をそれが使われている状況 (context) と関連づけながら教えることも大切である。RR プログラムでは，常に児童がその言葉を使う状況を念頭に置いて，読み書き訓練を行っている。野呂 (2004) もその論文の中で述べているように，外国語として英語を学ぶ日本人の場合，実際に生活の中で英語を使う必要はないため，耳から入るインプットの量が少ないので，音声に集中した言語学習だけではコミュニケーション能力を養成できないと説明している。英語を使う状況を常に与え，音声だけでなく，文字を導入することによって，

与えられた状況とともに言葉が児童の記憶に定着し，英語という新しい言語のシステムの理解を深めることができる。

　また，小学生は，既に母語の豊富な知識を持っており，意識的にも無意識的にもその知識を基に外国語としての英語を学ぼうとしているはずであるため，児童の知っていることとこれから学習する内容を関連づけながら新しい言語システムを教えるという指導方法をとることが肝要である。児童がどんなことに興味を持っているかなど既存の知識を確認することから始まって，知らないことの学習へと指導していくRRプログラムは，英語を母語とする児童，また英語を外国語として学ぶ児童の読み書き能力を回復させるのに成功している。日本語を母語とする学習者が英語を学ぶ場合も，外来語など既に知っていると思われる知識を英語の語彙理解へと結びつけていく指導が，どの校種においても重要なのではないだろうか。学習者の知的，精神的発達レベルに合わせてこの訓練をすることが，小学校と中学校，中学校と高等学校，高等学校と大学といった校種間での英語教育の連携を可能にするのだと考える。

　小学生にとって「楽しい英語学習」は必ずしもゲームや歌だけではない。認知能力の発達とともに興味は変わってくる。高学年になるにつれて，メタ認知能力の発達，知的好奇心が増し，情意フィルターにも変化が現れるので，それぞれの年代の児童に合った英語学習活動を提供していく必要がある。小学校での英語活動で養うべきコミュニケーション能力のための「素地」は，中学校や他の校種における英語学習を助けるものでなければならない。音声と文字と意味理解との関連性に注目させて行う言語指導は，小学校と他の校種の連結の要となるのではないだろうか。

参考文献

はじめに
安彦忠彦．(2009)．「ことばの力」『最新教育キーワード』第13版．時事通信社．

文部科学省．(2008)．『小学校学習指導要領　外国語活動編』開隆堂．

Wright, A. (1992). Evaluation of the first British Reading Recovery Programme. *British Educational Research Journal*, 18(4), 351–368.

第1章
Clay, M. M. (1991). *Becoming literate-the construction of inner control*. Portsmouth: Heinemann.

Kress, G. (1997). Before writing : Rethinking the Paths to literacy. London and New York: Routledge Taylor & Francis Group.

第2章
Clay, M. M. (1991). *Becoming Literate: The Construction of Inner Control*. Birkenhead, Auckland: Heinemann Education.

Clay, M. M. (1992). Reading Recovery: the wider implications of an educational innovation." In A. Watson and A. Bedenhop (Eds.), *Prevention of Reading Failure* (pp.22–47). Auckland: Ashton Scholastic.

Clay, M. M. (2005). *An Observation Survey of Early Literacy Achievement*. Auckland: Pearson/Heinemann.

King, C. M., Jonson, K., Whitehead, D. and Reinken, B. J. (2003). *Reading Online: International Perspectives-Glimpses of Literacy Education in New Zealand*. International Reading Association, Inc. Retrieved March 28, 2012 from http://www.readingonline.org/international/king/

The NZ Ministry of Education. (2010). PISA2009 Our 21st century learners at age 15. Retrieved September 9, 2013 from http://aucklandsct.wikispaces.com/file/view/962_PISA-Summary-2009v2–1/pdf

第3章
Advanced Education Program Retrieved December 25, 2013 from http://www.ioe.ac.uk/study/PMM9AEP91M.html.

Clay, M. M. (1991). *Becoming Literate-The Construction of Inner Control*. Auckland:

Heinemann Education.

Clay, M. M. (2000). *Running Records For Classroom Teachers*. North Shore: Heinemann Education

Clay, M. M. (2005). *Literacy Lessons Designed for Individuals Part One: Why? When? and How?* Auckland: Heinemann Education.

European Centre for Reading Recovery Institute of Education, University of London. (2012). Standards and Guidelines: For the implementation of Reading Recovery in Europe. Retrieved August 22, 2013 from http://readingrecovery.ioe.ac.uk/about/documents/Standards_and_Guidelines.pdf.

第4章
① 米国

Bailey, D. S. (2010). Who is learning disabled? American Psychological Association. Retrieved March 27, 2012, from http://www.apa.org/monitor/sep03/disabled.aspex

Lyons, C. A. (1998). Reading Recovery in the United States: More than a Decade of Data. *Literacy Teaching and Learning*, 3(1), 77–92.

The Ohio State University. (2009). Reading Recovery in the United States-2007–2008 *Executive Summary*. National Data Evaluation Center: Retrieved August 23, 2013 from http://www.idecweb.us/WebDocs/DocumentationTree/Archived%20Documents/2007-2008%20Reading%Recovery%20in%20the%20United%20States%20Executive%20Summary.pdf

Pinnell, G. S., Fried, M. D., and Estice, R. M. (1990). Reading Recovery: Learning how to make a difference. *The Reading Teacher, January*, 282–295.

Reading Recovery® Descubriendo la Lectura international Data Evaluation center. (2009). 2008–2009 Reading Recovery Statistical (2009). *2008–2009 Reading Recovery Statistical Abstract for the U.S.* Columbus: The Ohio State University.

Scholastic Inc. (2011). An Overview of Reading First. Retrieved May 5, 2011, from http;//www2.scholastic.com/browse/article.jsp?id=4562

② 英国

Gross, J. (Ed). (2008). "Getting in early: primary schools and early intervention" London: The Smith Institute and The Centre for Social Justice.

Every Child a Chance Trust. (2011). "Every Child a Reader." Retrieved May 1, 2011 from http://www.everychildachancetrust.org/smartweb/every-child-a-reader/introduction

Institute of Education University of London (IOE). (2012). "Every Child a Reader (ECaR) Annual Report 2010–11." London: University of London. Retrieved August 8, 2013

fromhttp://readingrecovery.ioe.ac.uk/index.html
Institute of Education University of London (IOE). (2013). "Every Child a Reader (ECaR) Annual Report 2011-12." London: University of London. Retrieved August 8, 2013 from http://readinigrecovery.ioe.ac.uk/index.html

③ オーストラリア

Case studies Reading Recovery at Perth Primary School. (2005). Retrieved April 29, 2011 from http://www.education.tas.gov.au/school/curriculum/literacy/recovery

Coltheart, M. and Prior, M. (2007). *Learning to Read in Australia* (Occasional Paper 1/2007 Policy Paper #6). Canberra: The Academy of the Social Sciences in Australia. Retrieved May 14, 2011 from http://www/literacyeducators.com.au/docs/AATE%20submission.pdf

Nelson, B. (2005). *Report of the National Inquiry into the Teaching of Literacy*. Curriculum Leadership: An electronic journal for leaders in education. Retrieved May 12, 2011 from http://www.curriculum.edu.au/leader/report_of_the_national_inquiry_into_the_teaching_o, 12633.html?issuesID=9803

Zrna, J. (2011). *Reading Recovery DECS2003-2007*. Clapham: The Reading Recovery Centre. Retrieved May 14, 2011 from http://www.earlyyearsliteracy.sa.edu.au/files/links/RR_short_report_for_website.pdf

④ カナダ

Canadian Council on Leaning. (2008). *Reading the Future-Planning to meet Canada's future literacy needs*. Ottawa: The Canadian Council on Learning.

Canadian Institute of Reading Recovery®. (2006). *Canadian Institute of Reading Recovery® Standards and Guidelines based on the Principles of Reading Recovery® (3rd Ed.)*. Montreal: The Canadian Institute of Reading Recovery®.

Clay, M. M. (2005). *An Observation Survey of Early Literacy Achievement*. Auckland: Pearson/Heinemann.

Prince Edward Island Department of Education and Early Childhood Development. (2012). *Reading Recovery® Site Report 2011-2012*. Retrieved July 16, 2011 from http://www.gov.pe.ca/photos/original/eecd_readrec12.pdf

Reading Recovery Council of North America. (2001-2011). *Canadian Institute of Reading Recovery® National Implementation Data: 2008-2009 Executive Summary*. Retrieved May 14, 2011 from http://www.readingrecovery.org/ reading_recovery/canada/national_data.asp

⑤ アイルランド

Central Statistics Office Ireland (CSO). (2008). Survey on Income and Living Conditions (EU-SILC/Republic of Ireland) Retrieved 29th January 2014 http://www.thehealthwell.info/node/5526

Institute of Education, University of London. *Reading Recovery Annual Report for Ireland: 2010–11*. Retrieved December 30, 2012 from http://readingrecovery.ioe.ac.uk

第 5 章

Clay, M. M. (2005a). *An Observation Survey of Early Literacy Achievement* (2nd Ed.). Rosedale, North Shore: Pearson Education.

Clay, M. M. (2005b). *Literacy Lessons Designed for Individuals Part One Why? When? and How?* Birkenhead, Auckland: Heinemann Education.

Gunther, J. 1.7 Quantitative analysis-Running records. In *Ongoing Assessment for reading* (Chap. 1). Retrieved January 24, 2012, from http://www.learnnc.org/lp/editions/readassess/981

第 6 章

Chomsky, C. (1969). *The Acquisition of Syntax in Children From 5 to 10*. MIT Press.

Clay, M. M. (2005a). *An Observation Survey of Early Literacy Achievement (2nd Ed.)*. North Shore: Pearson Education.

Clay, M. M. (2005b). *Literacy Lessons Designed for Individuals Part One Why? When? and How?* Birkenhead, Auckland: Heinemann Education.

DeFord, D. E., Lyons, C. A., and Pinnell, G. S. (1991). *Bridges to Literacy Learning from Reading Recovery*. Portsmouth, NH: Heinemann.

DeFord, D. E. (1994). Early Writing: Teachers and Children in Reading Recovery. *Literacy, Teaching and Learning 31*.

Dooley, M. C. and Matthews, M. W. (2009). "Emergent comprehension: Understanding comprehension development among young literacy learners." *Journal of Early Childhood Literacy, 9* (3), 269–294.

Goodman, K. (2005). What's Whole in Whole Language. 20th Anniversary Edition. Berkeley: RDB Books.

Goswani, U., and Bryant, P.(1990). *Phonological skills and learning to read*. East Sussex, UK: Lawrence Erlbaum.

Robinson-Pant, A. (2010). *The Social Benefit of Literacy*. UNESCO.

Vygotsky, L.S. (1978). Mind in society. Cambridge: Harvard University Press.

文部科学省, (2008).『小学校学習指導要領解説　外国語活動編』. 東洋館出版社 .

第 7 章

Burt Reading Test. (1974). Revised. Retrieved March 25, 2011 from http://www.syntheticphonics.com/pdf%20files/Burt%20Reading%20Test2.pdf

Clay, M. M. (2005). *An Observation Survey of Early Literacy Achievement*. North Shore, New Zealand: Pearson Heinemann.

Department for Education and Skills (DfES) (2007). *Letters and Sounds: Principles and Practice of High Quality Phonics*. Retrieved September 15, 2013 from http://www.gov.uk/government/uploads/system/uploads/attachment_data/file/190599/Letters_and_Sounds_DFES-00281-2007.pdf

Eggers, E. M. (1978). *A Standardization of the Burt Word Reading Test*. (Manawatu, 1976). Unpublished MA Thesis, Massey University, New Zealand.

Gilmore, A., Croft, C., and Reid N. (1981). *Burt Word Reading Test* New Zealand Revision Teachers Manual. New Zealand Council for Educational Research。

Grades K - 2 Literacy Assessment: RUNNING RECORD OF CHILD'S ORAL READING Retrieved March 25, 2011 from http://www.ncpublicschools.org/docs/curriculum/languagearts/scos/runningrecord.pdf

国立国会図書館 (2004). グーテンベルグ. Retrieved September 15, 2013 from http://www.ndl.go.jp/incunabula/chapter1/chapter1_02.html

Ministry of Education, NZ. (2011). Reading Recovery Online Data Collection 2011.

Writing Vocabulary Test. Retrieved March 25, 2011 from http://elemed.ucps.k12.nc.us/reading/observation%20survey%20directions.pdf

第 8 章

Clay, M. M. (2005a). *An Observation Survey of Early Literacy Achievement*. North Shore: Pearson Heinemann.

Clay, M. M. (2005b). *Literacy Lessons — Designed for individuals Part One Why? When? And How?* Birkenhead, Auckland: Heinemann Education.

Clay, M. M. (2005c). *Literacy Lessons — Designed for individuals Part Two Teaching Procedures*. North Shore: Pearson Heinemann.

David, J. L. (2008–2009). Educational Leadership Data: Now what?: Collaborative Inquiry. *Educational Leadership, 66*(4), 87–88. Retrieved Octorber 5, 2012 from http://www.ascd.org/publications/educational-leadership/dec08/vol66/num04/collaborative-Inquiry.aspz

Dyke, J. V. (2006). When Conversations Go Well: Investigating Oral Language Development in Reading Recovery. *Journal of Reading Recovery, spring*, 25–33.

Institute of Education University of London. *Reading Recovery Teacher Leaders*. Retrieved

October 9, 2009 from http://readingrecovery.ioe.ac.uk/pages/teacherleaders.html
National Reading Recovery Centre. (2011). *New Zealand Reading Recovery Guidelines.* Auckland: Faculty of Education, The University of Auckland.

第 9 章

Retrieved Oct.15, 2010 from:
リテラシーについて
http://ja.wikipedia.org/wiki/%E8%AD%98%E5%AD%97
http://www.unicef.or.jp/library/toukei_2006/m_dat5.pdf
http://groups.ku.edu/~stl/historyofliteracy.htm
Matczuk, A. & Torentino, J. (2013). The Canadian Institute of Reading Recovery: National Implementation Data 2011–2012.
教育関係法について
http://www.stat.go.jp/data/sekai/15.htm#h15-06
難読症について
http://uk.dyslexia.com/
Goodman, K. S., and Smith, E. B. (1987). *Language and thinking in school: A whole-language curriculum (3rd ed.).* New York: Owen.
Hughes, N. and Schwab, I. (Eds). (2010). Teaching Adult Literacy. Open University Press.
Rose, J. (2009). Identifying and teaching children and young people with dyslexia and literacy difficulties.
UNESCO (2012) Retrieved February 16, 2012 from http://www.unesco.org/new/en/education/themes/education-building-blocks/literacy/
Wheldallac, K. and Byersb, S. (2009). National Inquiry into the Teaching of Literacy. Retrieved April 16, 2013 from http://www.tandfonline.com/doi/pdf/10.1080/19404150509546795

第 10 章

Byrne, B., and Fielding-Barney, R.(1991a). Evaluation of a program to teach phonemic awareness to young children. *Journal of Educational Psychology, 83* (4), 451–455.
Byrne, B., and Fielding-Barney, R.(1991b). Sound Foundations: An Introduction to Prereading Skills. Sydney, Australia: Leyden Education Publishers.
Clay, M. M. (2007). *CONCEPTS ABOUT PRINT.* Auckland: Heinemann.
Dahl, K. L., Scharer, P. L., Lawson, L. L., and Grogan, P. R. (1999). Phonics instruction and student achievement in whole language first-grade classrooms." *Reading Research Quarterly, Vol. 34*, No.3"

de Lemos, M. (2002) "Closing The Gap Between Research And Practice: Foundations For The Acquisition Of Literacy." *Literacy and Numeracy Research Literature Reviews*. Australian Council for Educational Research.

Goodman, K. S. and Smith, E. B. (1987). Language and thinking in school: A whole-language curriculum (3rd ed.), New York: Owen.

Harris, T. L. and Hodges, R. E.(1983). *A Dictionary of Reading and Related Terms*. London: Heinemann Educational Books.

Krashen, S. (1999), *Three Arguments Against Whole Language & Why They Are Wrong*. Portsmouth, NH: Heinemann.

MacMillan, B. (1997) *Why Schoolchildren Can't Read*. MacMillan.

Smith, F. (1978). *Understanding reading* (2nd ed.) New York: Holt, Rinehart & Winston.

Snow, C. E., Burns, S., and Griffin, P. (1998). *Preventing Reading Difficulties in Young Children*. Washington, DC: National Academy Press http://mcguffeyreaders.com/history.htm

Vail, H. H. (1911). *A History Of The McGuffey Readers*. LaVergne, TN: Kessinger Publishing, LLC.

Wallace, S. (2009). *Oxford Dictionary of Education*. Oxford: Oxford University Press.

The following are retrieved from:

U.S. Department of Education. (2007). *WWC Intervention Report*. What Works Clearinghouse. Retrieved April 8, 2011 from WWC. What Works Clearinghouse Intervention Rating Scheme. U.S. Department of Education. Retrieved April 29, 2011 from http://ies.ed.gov/ncee/wwc/pdf/rating_scheme.pdf

On phonics:

http://www.phonicsmedialab.org/phncsvswhlng.html Oct.17, 2010.

http://www.ofsted.gov.uk/ Oct.19, 2010

On whole language:

http://en.wikipedia.org/wiki/Whole_language On Oct.17, 2010.

http://www.ericdigests.org/pre-9213/whole.htm Oct.17, 2010.

On phonics vs. whole language:

http://www.halcyon.org/wholelan.html Oct.17, 2010.

http://www.succeedtoread.com/phonics.html Oct.17, 2010.

http://www.usc.edu/dept/education/CMMR/text/Krashen_WholeLanguage.PDF Has Whole Language Failed? Oct.17, 2010.

http://www.sciencedaily.com/releases/2007/08/070801091500.htm

http://www.eagleforum.org/psr/1996/july96/psrjul96.html

http://www.atozphonics.com/historyofphonics.html http://www.synthetic-phonics.com/

phonics_history.html
http://www.synthetic-phonics.com/phonics_research.html
http://www.synthetic-phonics.com/whole_word.html
文部科学省．(2008).『小学校学習指導要領解説　外国語活動編』東洋館出版社．

第 11 章

Cummins, J. (1989). The sanitized curriculum: Educational disempowerment in a nation at risk. In D. Johnson and D. Roen (Eds.), *Richness in writing: Empowerment ESL students* (pp. 19–38). New York: Longman.

Freeman, Y. S. and Freeman, D. E. (1992). *Whole Language for Second Language Learners*. Portsmouth: Heinemann.

Goswami, U. and Bryant, P. (1990). *Phonological Skills and Learning to Read*. Hove and New York: Psychology Press.

Griffiths, G. and Keohane, K. (2000). *Personalizing Language Learning*. Cambridge Handbooks for Language Teachers. Cambridge: Cambridge University Press.

Harste, J., Woodward, V. and Burke, C. (1984). *Language stories and literacy lessons*. Portsmouth, NH: Heinemann.

Krashen, S. (1982). *Principles and practice in second language acquisition*. New York: Pergamon Press.

Piaget, J. (1955). *The language and thought of the child*. New York: Meridian Books.

Randell, B., Giles, J. and Smith, A. (1995). *Look at me* (The PM Library Starters One). New Zealand: Nelson Price Milburn.

Vygotsky, L. S. (1962). *Thought and language*. Cambridge, MA: MIT Press.

文部科学省．(2008).『小学校学習指導要領解説　外国語活動編』. 東京：東洋館出版株式会社．

文部科学省．(2008).『中学校学習指導要領解説　外国語活動編』. 東京：開隆堂出版株式会社．

第 12 章

Byrne, B. and Fielding-Barnsley, R. (1989). Phonemic awareness and letter knowledge in the child's acquisition of the alphabetic principle. *Journal of Educational Psychology, 81*, 313–321.

Clay, M. M. (1991). *Becoming Literate: The Construction of Inner Control*. Birkenhead, Auckland: Heinemann Education.

Clay, M. M.(2005). *An Observation Survey of Early Literacy Achievement*. *Rosedale*, Auckland: Pearson Education.

Clay, M. M. (2006). *Literacy Lessons Designed for Individuals Part One Why? When? and How?* Birkenhead, Auckland: Heinemann Education.

Clay, M. M. (2010). *Literacy Lessons Designed for Individuals Part Two: Teaching Procedures.* North Shore: Pearson Education.

de Lemos, M. (2002). "Closing The Gap Between Research And Practice: Foundations For The Acquisition Of Literacy", ACEReSearch. Australian Council for Educational Research.

Ellery, V. (2011). *Implementing RTI: Practical Applications for Creating Strategic Readers.* International Reading Association.

Ellis, R.(2008). *The study of second language acquisition.* Oxford: Oxford University Press.

Langenberg, D. N. (2000). National Reading Panel: Teaching Children to Read. Retrieved September 9, 2013 from http://www.nationalreadingpanel.org/press/press_rel_langenberg.htm

OED (*Oxford English Dictionary*). (2003). Electronic Version.

小野尚美, 高梨庸雄. (2011a). ［短期特別連載］第1回「Reading Recovery を活した校種間連携——Literacy 教育の視点から」『英語教育』3月号, Vol. 59 (13), 70–72.

小野尚美, 高梨庸雄. (2011b). ［短期特別連載］第2回「Reading Recovery を活した校種間連携——RR の指導手順」『英語教育』4月号, Vol. 60 (1), 67–69.

高梨庸雄, 小野尚美. (2011). ［短期特別連載］第3回「Reading Recovery を活かした校種間連携——Reading Recovery をどのように活用するか」『英語教育』5月号, Vol. 60 (2), 67–69.

板垣信哉・鈴木渉. (2011).「英語コミュニケーション能力の「素地」と「基礎」——第二言語習得の熟達化理論に基づいて——」『小学校英語教育学会紀要』第10号.

大村喜吉他（編）. (1997).『英語教育史資料』1　東京法令出版株式会社.

高梨庸雄・河内山晶子. (2011).「我が国の英語教育史」石田, 神保, 久村, 酒井（編）『英語教師の成長』大修館書店

高梨庸雄. (2002).「戦後半世紀における学習指導要領から見た英語教育論」『応用英語研究論集』昭和堂.

高梨庸雄・高橋正夫. (2011).『新・英語教育学概論』金星堂.

第13章

Adams, M. J. (1990). *Beginning to read: Thinking and learning about print.* Cambridge, MA: MIT Press.

Harrison, P. (2009). *What I Can Do.* Manitoba: Blueberry Hill Books.

笠原究, 町田なほみ, 長田恵理, 高梨庸雄, 吉澤小百合 (2012).「小学校5, 6年生の語彙知識：音声, 意味, 文字の結び付きに関して」*JES Journal*, 12.

文部科学省 (2008).『小学校学習指導要領解説　外国語活動編』東京：東洋館出版社.

Ogden, C. K. (1930). *Basic English: A General Introduction with Rules and Grammar*. London: Evans Brothers Limited.

小野尚美，高梨庸雄，大井恭子，高野恵美子，Gordon Robson (2009).「中学校及び高等学校の英語教育に連携する小学校英語の指導内容・方法の開発研究」平成 18 年度文部科学省科学研究費補助金　基盤研究（C）研究課題番号 18520454.

Piaget, J. "Concrete Operational Stage of Cognitive Development." Retrieved February 24, 2012 from http://psychology.about.com/od/piagetstheory/p/concreteop.html

Shaw, J. R. and Shaw, S. J. (1970). *The New Horizon Ladder Dictionary of the English Language*. New York: New American Library.

Snow, C. E. and Burns, M. S. (Eds). (1998). *Preventing reading difficulties in young children*. Washington, D.C.: National Academy Press.

Wikipedia. "Analytical Phonics." Retrieved May 2, 2013 from http://wpedia.goo.ne.jp/enwiki/Analytical_phonics

Z Phonics.Com for Early Reading Success. "Is your reading programme synthetic phonics based?" Retrieved April 17, 2013 from http://www.atozphonics.com/syntheticphonics.html

おわりに──校種間連携への展望──

荒川百合，伊東弥香，金澤延美，高橋芽香子，鶯田公江，橋本和，長谷川真澄，松原木乃実，宮本尚世. (1998–1999).「子供の言語習得と文字　日本の子どもの英語学習における文字の役割について」『日本児童英語教育学会 (JASTEC) 研究紀要』第 18 号 pp. 37–53.

ベネッセ教育研究開発センター. (2011).『第 2 回小学校英語教育に関する基本調査（教員調査）』.

バトラー後藤裕子 (2005).『日本の小学校英語教育を考える──アジアの視点からの検証と提言』東京：三省堂. 137–138.

平岡昌子. (2006).「小学校英語活動における文字指導に関する研究──発達段階に応じた文字指導の工夫を通して──」平成 18 年度

Hiroshima Prefectural Educational Center. Retrieved August 14, 2013 from www.hiroshima-c.ed.jp/web/publish/ki/pdf1/kk34/syougakueigo.pdf

飯塚成彦. (1997).『英語でいっしょに育つ本』東京：全研本社.

影浦攻. (2000).『小学校英語──66 研究開発学校の取組み全情報』東京：明治図書.

門田修平，野呂忠司（編著）. (2001).『英語リーディングの認知メカニズム』東京：くろしお出版.

久埜百合. (1999).『困ったときのこども英語相談室改訂版』東京：ピアソン・エデュケーション.

中田小百合. (2011).「小学校の英語活動に文字指導は可能か」『小学校の英語教育：多元的言語文化の確立のために』河原俊昭，中村秩祥子（編著），東京：明石書店. 155–177.

野呂忠司. (2004).「小学校の「英語活動」における文字指導の意義と必要性──小学校と中学校における文字指導の連携を目指して──」『愛知教育大学教育実践総合センター紀要』7. 151–157.

野呂忠司. (2007).「小学校連携と文字指導」『小学校英語と中学校英語を結ぶ──英語教育における小中連携──』（松川禮子・大下邦幸編著）. 東京：高陵社書店. (102–118).

宇野久恵. (2010).「英語を楽しく読める小学生──低学年からの文字学習の勧め──論文・レポート」Retrieved August 5, 2013 from http://www.blog.crn.or/jp/report/02/105.html

Index　索引

ページ・ナンバーが多い項目は太字のページからお読み下さい。

A
additional language, 37, 38
Advanced Educational Practice (AEP), 28
analytic phonics, 106, 108, **148**, 149, 150, 151
ascender, 100

B
Barbara Watson, 31
bottom-up, 41, **118-119**, 120, 142
Brendan Nelson, 41
Burt Word Reading Test, **72**, 73, 74

C
challenge text, 58
comprehensible input, 116
concrete operational period, 140
construction of meaning, 8
context embedded communication, 116
context reduced communication, 116
cut-up story, 26, **27**, 150

D
DECS, 42
deep orthography, 156
descender, 100
Descubriendo la Lectura (DLL), 31, 34
discontinue, 27, 33, 86
dyslexia, 99, 100

E
early intervention, 24
early reader, 14
egocentric point of view, 117,
emergent literacy, **7**, 11, 58, 84, 93, 120, 134, 155
environmental prints, 15, 119
Every Child a Reader (RCaR), **35**, 36, 37, 38, 39
Every Child a Reader Trust, 35
explicit instruction, 41

F
First Class, 52, 53
fluent reader, 14
formal operational period, 140

G
generic learning, 19
guided reading, 15, 76

I
IDEA, 34
idiosyncratic factors, 92
illiterate, 45
independent assessor, **27**, 85, 91
independent reading, 15
individual responsibility, 91
Individuals with Disabilities Education Act, 34
inductive logic, 140
information pool, 147
Institute of Education (IOE), 12, 28, 36, 39
intervention program, 17, 30
invented letters, 8

IQ achievement discrepancy, 34

J

Jim Rose, 41

K

Key Stage, 2, 40

L

literacy processing, 23
Literacy Taskforce, 13

M

Marie Clay, 7, **18**, 23, 46, 56, 62
meta-linguistic ability, 140

N

National Reading Panel, 40, 112, **129**
Nelson Review, 41, 54
No Child Left Behind (NCLB), 30, 31
non-print related systems, 8
non-reader, 38
NZCER=New Zealand Council for Educational Research, 72

O

observation, 20, 23, 62
observation sheet, 20
one-way screen, 20, 21, 90,
oral language, 93
Orthographic Depth Hypothesis, 156

P

personalization, 25, 92, **149**, 151
phonemic awareness, 41, **110–111**, **112**, 129, 132

phonics approach, 107
phonological awareness, 100
Piaget, 117, 140
PISA, 2, 13
PM Bench Mark Kit, 39
problem-solving, 23, 58, 116
professional development, 39
prompts, 8, 58, 61

R

Reading aloud, 15
Reading First, 31
Reading Recovery Program, **6**, **11**, 18, 22, 55, 84
Reading the Future, 45
reformation, 92
Response to Intervention (RtI), 34
reversibility, 140
Revised Norms for Burt (Re-arranged) Word Reading Test, 73
roaming around the known, 7, **9–10**, 11, 84, 85, 89, 91, 92, 155
Rudolf Flesch, 54
running record, 20, **24**, 39, 60, 61
RWMP, 14

S

SBRR, 31
Scientifically Based Reading Research, 31
self-correction (SC), 24, 58, 60, 61
self-monitoring, 58
Senior Infants, 52, 53
shallow orthography, 156
shared reading, 15, 76
Social Interaction, 116
South Australian Department of

Education and Children's Services, 42
Special Educational Needs (SEN), 37, 72
Standards and Guidelines, 47
story schema, 10, 15
synthetic phonics, 40, 54, 112, **148**, 149

T

Teacher Leaders, 20, 84
teacher leaders in training, 87
teachers in training, 50, **84**, 86, 87, 88
top-down, 118, 119, 120, 142
trained teachers, **84**, 86, 87, 88

V

Vygotsky, 68, 116

W–Z

warming-up session, 27
What Works Clearinghouse (WWC), 34
whole language approach, 41, 106, 108, 109, 151
Why Jonny Can't Read, 54
Writing Vocabulary Test, 75
written language, 93
What Works Clearinghouse (WWC), 34, 111
Zone of Proximal Development (ZPD), 117

あ

浅い正書法, 156

え

英語ノート, 1, 3, 6, 135

お

音韻認識, 71, 156
音声言語, 8, 19, 51, 92, 93

か

可逆性, 140
観察記録シート, 20, **24**, 25, 27,

き

帰納的思考, 140
教員養成, **20–21**, 28, 41, 84

く

クロンバック α, 136

こ

国際成人リテラシー調査, 45
国立リーディング調査員団, 40

さ

錯乱子, **136**, 137, 139

し

質的調査, 102
社会心理言語学的過程, 118
社会的交流, **115–116**, 117
小学校学習指導要領（外国語活動編）, 6, 77
情報の宝庫, 147
信頼性, 136

す
ステイナイン (stanine), 65

せ
生活環境図, 15, 119
正書法深度仮説, 156

そ
素地, 1, 6, **69**, 70, 125, 127, 141, 157

て
点双列相関, 136

な
難読症, 99

ふ
フォニックス, 38, 54, 71, **79–81**, 82, 83, 106, 107, 108, 112, 113, 148
深い正書法, 156

へ
弁別力, 136

ほ
包括的学習理論, 19

も
文字言語, 8, 19, 58, 92, 93

よ
読み書き能力診断, 87

り
リテラシー, 2, 98, 101, 102, **104–105**, 107, 108, 109

ろ
ローズ・レビュー, 40, 41

小学生英単語知識テスト　指示

テスト1

* 「このテストでは、ある英単語が2回読み上げられます。その単語が意味するものを、4枚の絵または写真の中から選び、カッコ内に丸を付けてください」
* 「(れい) を見てください。(peach, peach, と読み上げる)。peach は「桃」という意味ですから、ここでは桃の写真の下に丸がついています」
* では、はじめます。問題は第1問から第40問まで、全部で40問あります。
* この後、「題〜問」と日本語でアナウンスしてから、ネイティブの先生が単語を2, 3秒間隔で2回読み上げる。約12秒おいてから、次の問題へ移る。

読み上げる順番

1	bag	21	piano
2	dress	22	fish
3	cat	23	horse
4	pizza	24	soup
5	skirt	25	bed
6	lion	26	diamond
7	nurse	27	rice
8	camel	28	tomato
9	pilot	29	eraser
10	tower	30	mouth
11	camera	31	juice
12	guitar	32	rabbit
13	banana	33	soccer
14	eye	34	circle
15	ruler	35	monkey
16	yacht	36	octopus
17	red	37	singer
18	tennis	38	salad
19	beach	39	pink
20	castle	40	giraffe

* 最後の問題が終わって12秒してから「以上で、テストをおわります」と宣言する。

テスト2

* 「このテストでは、ある英単語が2回読み上げられます。その単語のただしいつづりを、1〜4の中から選び、カッコ内にその番号を書いてください」
* 「(れい) を見てください。(peach, peach, と読み上げる)。peach の正しいつづりは4番なので、カッコの中には4と書かれています。
* では、はじめます。問題は第1問から第40問まで、全部で40問あります。
* この後、「題〜問」と日本語でアナウンスしてから、ネイティブの先生が単語を2, 3秒間隔で2回読み上げる。約12秒おいてから、次の問題へ移る。

読み上げる順番

1	giraffe
2	bed
3	juice
4	camel
5	beach
6	salad
7	pizza
8	tower
9	yacht
10	rabbit
11	guitar
12	banana
13	lion
14	mouth
15	octopus
16	camera
17	eye
18	rice
19	bag
20	horse

21	eraser
22	soccer
23	dress
24	fish
25	monkey
26	pink
27	red
28	pilot
29	skirt
30	diamond
31	circle
32	cat
33	castle
34	piano
35	singer
36	nurse
37	tennis
38	soup
39	tomato
40	ruler

*最後の問題が終わって12秒してから「以上で、テストをおわります」と宣言する。

テスト3

* 「このテストでは、英語のつづりをみて、それが意味する絵を1つ選んでもらいます。つづりが表している絵または写真の下の（　）に〇を書きなさい。
* 「(れい) を見てください。peach は「桃」という意味ですから、ここでは桃の写真の下に丸がついています」
* では、はじめます。問題は第1問から第40問まで、全部で40問あります。

問題の順番

1	diamond
2	monkey
3	tower
4	red
5	bag
6	soccer
7	giraffe
8	castle
9	rice
10	salad
11	octopus
12	skirt
13	pilot
14	tennis
15	soup
16	mouth
17	dress
18	fish
19	pink
20	camera

21	piano
22	cat
23	tomato
24	rabbit
25	nurse
26	eye
27	bed
28	circle
29	singer
30	pizza
31	banana
32	camel
33	lion
34	beach
35	horse
36	yacht
37	eraser
38	juice
39	ruler
40	guitar

* 最後の問題が終わって12秒してから「以上で、テストをおわります」と宣言する。

「英語の読み書き」を見直す

今回の語彙テストに使われた単語をアルファベット順に並べると下記のようになる。
各テストでの出題順序および選択肢の配列順序はテストのよって異なる

No	Word	Choices
1	bag	バッグ, スーツケース, 財布, 金庫
2	banana	バナナ, じゃがいも, イチゴ, 柿
3	bed	ベッド, 机, 椅子, ソファ
4	beach	浜辺, 川, 山, 森
5	camel	ラクダ, ロバ, イルカ, へび
6	camera	カメラ, テレビ, コンピュータ, 冷蔵庫
7	castle	城, テント, 工場, 畑
8	cat	猫, 犬, 象, コウモリ
9	circle	三角, 丸, 四角, 台形
10	diamond	ダイアモンド, 金の延べ棒, ダイナマイト, 腕時計
11	dress	ドレス, メガネ, マフラー, 帽子
12	eraser	消しゴム, 鉛筆, 黒板, チョーク
13	eye	目, 口, 耳, 鼻
14	fish	魚, 鳥, ゴリラ, 貝
15	fruit	果物, 肉, 牛乳, キノコ
16	guitar	ギター, バイオリン, ホルン, タンバリン
17	giraffe	キリン, 熊, シマウマ, カバ
18	horse	馬, 牛, ヤギ, ヒツジ
19	juice	ジュース, コーヒー, ワイン, ビール
20	lion	ライオン, 虎, タヌキ, 豚
21	mouth	口, 手, 足, ひじ
22	monkey	猿, キツネ, サイ, モグラ
23	octopus	タコ, イカ, ヒトデ, ウニ
24	nurse	看護師, ウエイター, 大工, 農夫
25	piano	ピアノ, トランペット, ハープ, ドラム
26	pilot	パイロット, 医者, レスラー, ボクシング選手
27	pink	ピンク, オレンジ, 茶, 緑
28	pizza	ピザ, スパゲッテイ, 寿司, ソーセージ
29	rabbit	ウサギ, ネズミ, パンダ, カバ

30	red	赤，青，黄，黒
31	rice	ご飯，パン，ステーキ，シリアル
32	salad	サラダ，ポテトチップス，バーベキュー，ハム
33	singer	歌手，野球選手，力士，アナウンサー
34	skirt	スカート，セーター，ジーンズ，ベスト
35	soccer	サッカー，野球，ラグビー，バスケットボール
36	soup	スープ，アイスクリーム，ジャム，チョコレート
37	tennis	テニス，バドミントン，バレーボール，卓球
38	tomato	トマト，キュウリ，メロン，なす
39	tower	塔，一軒家，寺，教会
40	yacht	ヨット，潜水艦，客船，手漕ぎボート

「英語の読み書き」を見直す
―― Reading Recovery Program 研究から
日本の早期英語教育への提言――

2014年5月20日　初版第1刷発行

著　者　　小　野　尚　美
　　　　　高　梨　庸　雄

発行者　　福　岡　正　人

発行所　　株式会社 金　星　堂
（〒101-0051）東京都千代田区神田神保町3-21
　　　　　Tel. (03)3263-3828（営業部）
　　　　　　　(03)3263-3997（編集部）
　　　　　Fax (03)3263-0716
　　　　　http://www.kinsei-do.co.jp

編集協力／ほんのしろ　　　　　　　　Printed in Japan
装丁デザイン／岡田知正
印刷所・製本所／倉敷印刷株式会社

本書の無断複製・複写は著作権法上での例外を除き禁じられています。本書を代行業者等の第三者に依頼してスキャンやデジタル化することは、たとえ個人や家庭内での利用であっても認められておりません。

落丁・乱丁本はお取り替えいたします

ISBN978-4-7647-1133-4 C3082